ÜBER BERLUSCONI

René Scheu
Massimo Pillera

ÜBER BERLUSCONI

Italienische Intellektuelle und
Politiker im Gespräch.

Angelo Bolaffi
Nando Dalla Chiesa
Gerardo D'Ambrosio
Antonio Di Pietro
Paolo Flores D'Arcais
Dario Fo
Leoluca Orlando
Antonello Sciacchitano
Marco Travaglio
Gianni Vattimo

TURIA + KANT

Bibliografische Information Der Deutschen Bibliothek
Die Deutsche Bibliothek verzeichnet diese Publikation in der Deutschen Nationalbibliografie; detaillierte bibliografische Daten sind im Internet über http://dnb.ddb.de abrufbar.

Die Interviews sind bis auf eine Ausnahme (siehe Textnachweise S. 138) im „St. Galler Tagblatt" erschienen.

Diese Buchausgabe wird nur im deutschen Sprachraum vertrieben.

ISBN 3-85132-377-7

info@turia.at • www.turia.at

INHALTSVERZEICHNIS

VORWORT

BERLUSCONIS AUFSTIEG, ITALIENS ABSTIEG

Von René Scheu

Chaotisch, aber liebenswürdig – so pflegen wir im Norden unsere italienischen Nachbarn zu charakterisieren. Zweifellos ein Vorurteil, doch eines, das sich schon seit Jahrhunderten hält.[1] Mit diesem stereotypen Blick beurteilen wir auch die italienische Politik. Über 50 Regierungen seit 1945, also fast ein Regierungswechsel pro Jahr – das ist für unsere auf Stabilität bedachte Politkultur definitiv zu viel und also beunruhigend. Doch wenn es in Italien geschieht, dann sind wir augenzwinkernd bereit, in diesem Chaos eine Garantie für politische Stabilität zu erkennen. „Alles muss sich ändern, damit alles so bleibt, wie es ist" heißt das uritalienische Motto aus dem Buch „Der Leopard" von Giuseppe Tomasi di Lampedusa. *Trasformismo* nennen die Italiener diese Haltung und bestätigen damit nur, dass sie sich selbst nicht anders sehen als wir.

Daneben dominiert eine zwar demokratisch legitimierte, aber deshalb nicht minder bedenkliche Perspektive unser Italien-Bild: Jedes Volk hat die Regierung, die es verdient. Wenn die Italiener es nicht so genau nehmen mit den Gesetzen, dann müssen sie sich nicht wundern, wenn ihr Regierungschef die Gesetze zu seinen Gunsten ändert oder sie zumindest zu seinen Gunsten interpretiert. Beiden Perspektiven – dem „alles bleibt sich gleich" und dem „alles ist, wie es sein muss" – liegt eine Auffassung von Politik zugrunde, die wir nur allzu gerne von den Italienern übernehmen: die *bella indifferenza*, die schöne Gleichgültigkeit.

Dieses Buch ist entstanden, weil wir – René Scheu und Massimo Pillera – mit dieser Indifferenz nicht einverstanden sind. Weder glauben wir, dass sich mit Silvio Berlusconi nichts geändert hat, noch glauben wir, dass Italien Silvio Berlusconi verdient hat.
Wenn es wahr ist, dass die Stereotypen *über* Italien *aus* Italien selbst stammen, dann müssen auch die Stimmen, die diese Stereotypen dekonstruieren, aus Italien kommen. Deshalb haben wir uns entschieden, einen Band in deutscher Sprache zu veröffentlichen, der Gespräche mit italienischen Intellektuellen und Politikern über das Italien unter Silvio Berlusconi enthält. Es sind dies die Stimmen von Angelo Bolaffi, Nando Dalla Chiesa, Gerardo D'Ambrosio, Antonio Di Pietro, Paolo Flores D'Arcais, Dario Fo, Leoluca Orlando, Antonello Sciacchitano, Marco Travaglio, Gianni Vattimo.[2] Wenn konservative, liberale und linke Stimmen gleichzeitig sprechen, entsteht notwendigerweise ein Stimmengewirr. Doch überwiegen nicht die Widersprüche, sondern die Wiederholungen, nicht die Differenzen, sondern die Einigkeit. Die Sorge um die Zukunft der italienischen Demokratie eint all die, die hier zu Wort kommen.
Da die Gespräche zumeist dem journalistischen Bedürfnis der Aktualität entsprangen, bleiben sie auch der Gegenwart verpflichtet. Einiges von dem, was darin gesagt wird, insbesondere über die juristischen „Reformen" der Regierung Berlusconi, ist zwar teilweise schon wieder überholt – die Gesetze werden gegenwärtig in Italien so schnell geändert, dass es nicht leicht fällt, die Chronistenpflicht zu erfüllen und die Übersicht zu bewahren. Doch wenn es stimmt, was Hegel sagt – dass Wesen ist, was gewesen ist[3] –, dann bleibt auch das Vergangene und von der Geschichte Überholte in einem gewissen Sinne „wahr". Nur wer sich das Vergangene vergegenwärtigt, vermag sich ein Bild von der Gegenwart zu ma-

chen. Fußnoten und ein Namensverzeichnis sollen dem Leser bei der Orientierung helfen.

Wie also präsentiert sich das Italien der Gegenwart?[4] Es wird dominiert von einer Person, Silvio Berlusconi, zugleich der mächtigste und reichste Mann Italiens, italienischer Ministerpräsident, Unternehmer und Medienmogul in Personalunion. Er ist der Profiteur der italienischen Revolution von „Mani pulite“ (saubere Hände), jenen Antikorruptionsermittlungen, die zwischen 1992 und 1994 das alte Parteiensystem zu Fall brachten. Obwohl heute gegen Berlusconi selbst wegen Korruption ermittelt wird und obwohl er die Staatsanwälte und Richter mittlerweile als „rote Roben“ verunglimpft, hat er seinen Aufstieg *nolens volens* ihnen zu verdanken – sie läuteten jenen politischen Neuanfang an, dessen Wellen ihn nach oben spülten. Doch gehen wir der Reihe nach.

Den Begriff des Parteiensystems gilt es hier wörtlich zu verstehen: Das Italien der Nachkriegszeit wurde bis 1992 von der Partei der Christdemokraten – der *Democrazia Cristiana* – dominiert. Zusammen mit den „schwächeren“ Sozialisten regierten sie das Land über beinahe fünfzig Jahre. Diese unangefochtene Herrschaft ermöglichte die Bildung eines Filzes aus Politik, Wirtschaft und Verbrechen, der sich solange am Leben hielt, bis ein Staatsanwalt – die Rede ist von Antonio Di Pietro – nicht mehr hinsehen mochte und gegen Italiens selbstherrliche Beamte und Wirtschaftsführer zu ermitteln begann. Viele Politiker und Unternehmer, die Teil des korrupten Systems waren, wanderten ins Gefängnis. „Mani pulite“ bedeutete das Ende für die Herrschaft der Christdemokraten und der Sozialisten, das Ende für Giulio Andreotti – den Leader der *Democrazia Cristiana* – und für Bettino Craxi – den Leader des *Partito Socialista Italiano* –, das Ende der sogenannten „Ersten Republik“.

Die Folge waren Politikverdrossenheit in der Bevölkerung und ein Vakuum auf politischer Ebene. Diese Leere vermochte Silvio Berlusconi mit seinen charismatischen Auftritten – stets lächelnd, stets gut gelaunt – und seinen Botschaften zu füllen. Der Unternehmer und Medienmogul versprach in populistischer Manier, den Staat straff wie ein Unternehmen zu führen. Dabei verschwieg er geflissentlich, dass er selbst ein Kind jener Zeit war, gegen die er mit antipolitischer Rhetorik wetterte. Ihn verband eine tiefe Freundschaft mit dem Sozialistenführer und ersten sozialistischen Ministerpräsidenten Bettino Craxi. Berlusconi war als Medienunternehmer in jenen Jahren groß geworden, als Craxi das politische Zepter führte.

1994 entschloss sich Berlusconi, der von den Antikorruptionsermittlungen zunächst verschont blieb, „das Spielfeld zu betreten", *scendere in campo*, wie er seinen Gang in die Politik selbst zu nennen pflegt. Auch der Name der Partei war der Fußballsprache entlehnt: *Forza Italia*, so der Schlachtruf der *Tifosi* und zugleich der Name der neu gegründeten Berlusconi Partei. Sie bildete zusammen mit der „Lega Nord", der postfaschistischen „Alleanza Nazionale" und den neuen Christdemokraten („Centro Cristiano-Democratico") die Regierung, bis der Lega-Führer Umberto Bossi nach einem halben Jahr zusammen mit der Opposition einen Misstrauensantrag gegen die eigene Regierung stellte und sie so – als Zünglein an der Waage – zum frühzeitigen Abtreten zwang.

Danach fand die Linke den Weg an die Macht, zuerst unter Romano Prodi (heute Kommissionspräsident der EU), dann unter Massimo D'Alema und Giulio Amato. Sie bot nur unter Romano Prodi ein einheitliches Bild (er schuf das Bündnis des „Ulivo", des Olivenbaums), danach zerfiel sie in Splitterparteien und verlor sich in inneren Streitigkeiten. Mitunter deshalb, aber auch weil *Forza Italia* einen wahrhaftigen

Wahl-*Kampf* führte – Berlusconi besitzt die meisten Privatfernsehen, viele Zeitungen und Zeitschriften und die größte Werbefirma Italiens namens „Publitalia" –, vermochte Berlusconi die Wahlen im Mai 2001 für sich zu entscheiden.
Seit er an der Macht ist, hat das Parlament mehrere Gesetze verabschiedet, die ihm als Unternehmer, und das heißt in seinem Falle auch: als Angeklagtem zugute kommen.[5] Berlusconi musste und muss sich in mehreren Prozessen gegen Anklagen wegen Bilanzfälschung, Steuerbetrug, Richterbestechung und Meineid vor Gericht verantworten. Bisher endeten alle Verfahren mit Verjährung oder mit Freispruch. Obwohl Berlusconi bisher nie rechtskräftig verurteilt wurde und somit juristisch gesehen als unschuldig gelten muss, bleibt ein schaler Nachgeschmack.
Gibt es also Grund, sich über die Entwicklungen im gegenwärtigen Italien Sorgen zu machen? Es gibt Grund, oder besser: es gibt deren zwei. Erstens: Ein einziger Mann, Silvio Berlusconi, verfügt über eine Machtfülle, wie dies in keinem anderen europäischen Land der Fall ist. Der Interessenkonflikt – zugleich mächtiger Unternehmer und mächtigster Politiker des Landes – ist nicht gelöst, und Berlusconi hat in den über zwei Jahren seiner Amtszeit keine Anstalten gemacht, ihn zu lösen. Zweitens: Berlusconi war und ist in verschiedenen Prozessen angeklagt – wobei er die Staatsanwälte und Richter als Kommunisten beschimpft, die ihn verfolgten. Als ein „Krebsgeschwür", das es auszurotten gilt.[6]
Existiert also die berühmte italienischen Anomalie, von der die oppositionellen Politiker und Intellektuellen noch lieber sprechen als ihre Gesinnungsgenossen im Ausland, oder sind die jüngsten Ereignisse schlicht Ausdruck italienischer Normalität? Darauf gibt es keine endgültige Antwort – jedenfalls bisher nicht. In Zukunft wird man einmal gewusst haben, was wirklich geschehen ist, im Rückblick auf dieses

Kapitel italienischer Geschichte. Doch gibt es schon jetzt vorläufige Antworten. So sehr sie der Gegenwart verhaftet sein mögen, so „wahr“ sind sie zugleich.

Anmerkungen

[1] Natürlich hegen auch die Italiener Vorurteile über ihre nordischen Nachbarn. Nach Berlusconis Antrittsrede als EU-Präsident am 2. Juli 2003 kam es zu einer heftigen Auseinandersetzung zwischen dem deutschen EU-Abgeordneten Martin Schulz und Silvio Berlusconi. Der Italienische Ministerpräsident reagierte auf eine politische Provokation Schulzes mit den Worten: „Mir ist bekannt, dass es in Italien einen Produzenten gibt, der gerade einen Film über nationalsozialistische Konzentrationslager macht: Ich werde Sie für die Rolle des Kapo vorschlagen. Sie sind perfekt geeignet dafür.“ Als wäre das nicht genug, doppelte der italienische Staatssekretär im italienischen Tourismusministerium, Stefano Stefani, am 3. Juli mit einem Text im Lega-Nord-Organ „La Padania“ nach. Dort schrieb er: „Wir kennen sie gut, die Deutschen. Diese stereotypen Blonden mit ihrem hypernationalistischen Stolz, die seit jeher indoktriniert sind, sie müssten (...) die Klassenbesten sein. Und wie alle ‚Klassenbesten', die auf sich halten, nutzen sie jede Gelegenheit, sich anmaßend zu verhalten.“ Vgl. die „Frankfurter Allgemeine Zeitung“ vom 11. Juli 2003, S. 3. Stefani trat am 11. Juli von seinem Amt zurück.
[2] Die Gespräche sind bei verschiedener Gelegenheit entstanden, meist jedoch aus einem journalistischen und aktuellen Bedürfnis heraus. Viele von ihnen sind in leicht gekürzter Form bereits in der Schweizer Tageszeitung *St. Galler Tagblatt* erschienen und online verfügbar unter: www.tagblatt.ch → archiv. Einige Interviews wurden speziell für diesen Band geführt. Detaillierte Hinweise dazu finden sich im Anhang.
[3] Wörtlich heißt es zu Beginn der *Wissenschaft der Logik II:* „ Die Sprache hat im Zeitwort *sein* das Wesen in der vergangenen Zeit, *‚gewesen'*, behalten; denn das Wesen ist das vergangene, aber zeitlos vergangene Sein.“ Vgl. GEORG WILHELM FRIEDRICH HEGEL, „Wissenschaft der Logik II“ in „Werkausgabe“, Band 6. Suhrkamp: Frankfurt am Main 1976, S. 13.

[4] Eine gute Übersicht über die italienische Geschichte nach dem Zweiten Weltkrieg bietet FRIEDERIKE HAUSMANN: „Kleine Geschichte Italiens von 1945 bis Berlusconi". Wagenbach: Berlin 2002.

[5] Gegen Berlusconi wurde erst nach seinem Eintritt in die Politik 1994 ermittelt. Doch betreffen die Ermittlungen und Prozesse angebliche Straftaten, die er als Unternehmer vor seinem Gang in die Politik begangen haben soll.

[6] Silvio Berlusconi hat die Justiz mehrmals als „Krebsgeschwür" bezeichnet, das erste Mal Anfang Mai 2003 in einem Fernsehinterview.

Justiz

GESPRÄCH MIT ANTONIO DI PIETRO

Antonio Di Pietro, 1950 geboren, ist Jurist und Politiker. Als Mailänder Staatsanwalt hat er 1992 den Schmiergeldskandal „Tangentopoli" aufgedeckt und die Antikorruptionsermittlungen „Mani pulite" geleitet. 1995 hat er sein Amt als Staatsanwalt niedergelegt und ist in die Politik gegangen. 2001 hat er die Partei „Italia dei Valori" gegründet, ist Senator und EU-Abgeordneter.

Herr Di Pietro, seit den Anti-Korruptionsuntersuchungen "Mani pulite" sind zehn Jahre vergangen.[1] *Man spricht seither von der „zweiten Republik". Hat sich Italien wirklich verändert?*

Antonio Di Pietro: Es hat sich seither einiges verändert – wenn auch eher zum Schlechten. Zuerst einmal auf juristischer Ebene: Die Justiz sieht sich in ihren Ermittlungen mit zunehmenden Schwierigkeiten kon-

[1] 1992 deckten Mailänder Staatsanwälten den grössten Schmiergeldskandal (bekannt unter dem Namen „Tangentopoli") der italienischen Geschichte auf. Die Ermittlungen liefen unter dem Namen „Mani pulite" (saubere Hände), an ihrer Spitze standen die Staatsanwälte Antonio Di Pietro, Gherardo Colombo und Pier Camillo Davigo. Sie stiessen auf ein Geflecht systematischer Korruption und Begünstigung. Für alle Aufträge der öffentlichen Hand zahlten die Firmen zehn Prozent der Auftragssumme als Schmiergeld, das nach einem genau festgelegten Satz unter den Exponenten der herrschenden Parteien aufgeteilt wurde. Den Löwenanteil kassierten die Christdemokraten und die Sozialisten, die Brosamen wurden unter die kleinen Partner verteilt. Bis zum Frühjahr stieg die Zahl der Unternehmer und Politiker, die in Ermittlungen verwickelt waren, auf über 6000 an. Viele von ihnen wanderten ins Gefängnis. „Mani pulite" bedeutete das Ende der sogenannten „Ersten Republik", das heisst der Herrschaft von Christdemokraten und Sozialisten.

frontiert; die neuen Gesetze der Regierung Berlusconi erschweren ihre Arbeit, statt sie zu erleichtern. Dann auf politischer Ebene: In der gegenwärtigen politischen Klasse kehren dieselben Methoden und Verhaltensweisen, aber auch dieselben Gesichtern wieder wie in der „ersten Republik", als ob sich „mani pulite" nie ereignet hätte. Und zuletzt auch auf gesellschaftlicher Ebene: Es macht sich in Italien seit längerem eine Art Resignation breit. Die Menschen scheinen immer weniger daran zu glauben, dass sich in Italien wirklich etwas verändern lässt.

Sehen Sie einen Zusammenhang zwischen dieser Resignation und der italienischen Regierung unter Berlusconi?

Di Pietro: Die Regierung Berlusconi wird in Italien als eine Anomalie wahrgenommen. Damit meine ich den Interessenkonflikt, der für die ganze politische Klasse gilt – von dem ebendiese Klasse aber nichts wissen will. Die italienische Anomalie besteht darin, dass es in Italien viele Politiker gibt, die spezielle persönliche Interessen haben – juristischer oder ökonomischer Natur –, die im Widerspruch zur „res publica", zum öffentlichen Wohl stehen. Das klarste Beispiel ist Berlusconi selbst: zugleich mächtiger Privatunternehmer und Regierungschef. Wir können nie wissen, ob er in seinen Entscheidungen an seine persönlichen Interessen oder an die des Landes denkt. Wenn wir uns nun die Gesetzesreformen näher ansehen, die er seit seinem Amtsantritt durchsetzt, können wir nur glauben, dass er mehr an seiner Zukunft als an derjenigen der Republik interessiert ist...

...aber könnte es sich nicht auch so verhalten, dass gut für das Land ist, was auch gut für Berlusconi ist?

Di Pietro: Nein, und zwar deshalb nicht, weil in diesem Fall das öffentliche Wohl zu einer bloßen Option wird. Die Diktatoren pflegen zu sagen, dass sich ihre Interessen mit denen des Landes decken. In der Demokratie hingegen gibt es Regeln, die für alle verbindlich sind, auch für den „Herrscher". Berlusconi jedoch will diese Regeln ändern. Er hat meines Erachtens zahlreiche Gesetze erlassen, die allein seinen persönlichen Vorteil zum Zweck haben.

Von welchen Gesetzen sprechen Sie?

Di Pietro: Die „Legge Cirami", die bei Verdacht auf Voreingenommenheit der Richter erlaubt, einen Prozess zu verschieben; die Erschwerung von Rechtshilfe aus dem Ausland; die Entkriminalisierung der Bilanzfälschung; die Amnestie bei Steuerhinterziehung – mit all diesen Maßnahmen festigt er seine ökonomische Macht und wird juristisch unantastbar. Doch was vorteilhaft ist für ihn, ist im allgemeinen nachteilhaft für das Land. Es ist im Interesse des Landes, dass alle Steuern bezahlen, denn so entfallen im Durchschnitt weniger Steuern auf den Einzelnen. Berlusconi jedoch hat einen Straferlass eingeführt, damit die Steuern nicht zu bezahlen braucht, wer sie bisher nicht entrichtet hat. Das führt dazu, dass diejenigen, welche die Steuern bisher regulär bezahlt haben, noch mehr bezahlen müssen.

In der „ersten Republik" gaben die Politiker vor, sich vom öffentlichen Wohl leiten zu lassen, doch weiß man heute, dass sie vor allem in die eigene Tasche arbeiteten.

Di Pietro: Meiner Meinung nach haben sich in der Tat bloß die Namen der Parteien geändert, die Personen im Parlament jedoch sind dieselben geblieben. Wir haben in diesem Parlament einen Senator auf Lebenszeit, der angeklagt war, einen Mord in Auftrag gegeben zu haben[2] – ich spreche von Giulio Andreotti. Wir haben 94 Abgeordnete, die Probleme mit der Justiz haben, wobei einige von ihnen rechtskräftig verurteilt wurden. Und wir haben noch viele weitere Politiker, über denen das Damoklesschwert der Anklage schwebt.

Gegen Silvio Berlusconi selbst wurden mehrere Prozesse geführt beziehungsweise sind noch im Gange. Bisher wurde er nie verurteilt. Weshalb?

Di Pietro: Diese Idee des „nie verurteilt" verträgt sich nicht gut mit der Unschuldsvermutung. Es gibt zwei Gründe, weshalb man nicht verurteilt wird: entweder weil man unschuldig ist oder weil die begangene Tat verjährt ist beziehungsweise die Gesetze in der Zwischenzeit geändert wurden. Berlusconi ist der Patron eines Unternehmens, deren Mitarbeiter Schmiergelder bezahlt und die Bilanzen gefälscht haben – Vergehen, für die sie von den Gerichten verurteilt wurden. Berlusconi selbst war derselben Delikte angeklagt, wurde jedoch bisher stets freigesprochen, mitunter auch wegen Verjährung. Juristisch gesehen, muss er deshalb als unschuldig gelten. Aus politischer Perspektive muss ich jedoch sagen, dass wir es hier mit einer Person zu tun haben, die nicht gerade Vertrauen weckt.

[2] Im November 2002 ist Andreotti zu 24 Jahren Haft verurteilt worden. Ein Appellationsgericht in Perugia befand ihn für schuldig, 1979 die Ermordung des Enthüllungsjournalisten Mino Pecorelli in Auftrag gegeben zu haben. Andreotti hat Berufung eingelegt. Ein anderes Gericht in Perugia hatte Andreotti sowie fünf Mitangeklagte im September 1999 in erster Instanz von der Anklage der Anstiftung zu Mord beziehungsweise der Planung und der Ausführung der Tat freigesprochen. In einem anderen Prozess in Palermo war Andreotti auch der Mitgliedschaft in einer mafiosen Vereinigung angeklagt. Vgl. das Interview mit Leoluca Orlando in diesem Band.

Ist die Justiz in Italien zu schwach, um Delinquenten wirklich zur Rechenschaft zu ziehen?

Di Pietro: Die italienische Justiz gleicht einem Elephanten: träg und unbeweglich, und zwar deshalb, weil der Gesetzgeber jeden Tag neue Gesetze erlässt, die widersprüchlich sind und nur den Bedürfnissen des Augenblicks entsprechen. Damit in Italien die Justiz wirklich funktioniert, bräuchte es aber eine Gerichtsmaschine, die schneller und wirksamer arbeitet. Um die Justizprobleme zu lösen, braucht es deshalb keine „Legge Cirami", sondern mehr Personal an den Gerichten. Nehmen wir das Beispiel von Napoli: Es sind 120 gerichtliche Maßnahmen hängig, weil Gerichtsbeamte fehlen, welche die Dokumente zustellen müssen.

Ist dies die Schuld der Politik oder der Justiz?

Di Pietro: Die Justiz ist an sich ein Wert, ebenso wie die Politik. Es ist die Schuld dessen, der die Entscheidungen treffen muss, damit die Maschine funktioniert. Man kann nicht den Maschinisten dafür verantwortlich machen, dass die Maschine nicht läuft, wenn das Benzin fehlt. Das Benzin, das heißt die Regeln werden vom Parlament vorgegeben, und allein mit diesen Regeln kann der Richter arbeiten. Er bleibt deshalb auf die Politik angewiesen. Dass es auch einige Richter gibt, die nichts taugen beziehungsweise sich korrumpieren lassen, bestreite ich nicht. Das geschieht in den besten Familien. Gegenwärtig sind in Mailand drei Richter angeklagt, weil sie Geld von den Anwälten eines Unternehmers entgegengenommen haben sollen, und dieser Unternehmer heißt Berlusconi. Doch wäre es falsch, die Schuld für die Vergehen einzelner Richter der ganzen Institution aufzubürden.

Weshalb kam es nach den „Mani pulite"-Untersuchungen nicht zu einem Generationenwechsel in der Politik?

Di Pietro: Nachdem man entdeckt hatte, dass es viele korrupte Politiker gab, die sich von Unternehmern bezahlen ließen, hätte man zwei Maßnahmen ergreifen müssen. Erstens: Wer vom Gericht rechtskräftig verurteilt wurde, kann bei den Wahlen nicht mehr kandidieren. Zweitens: Wer eine strafbare Handlung gegen die Gemeinschaft begangen hat – wie sich bestechen oder sich erpressen zu lassen –, kann kein öffentliches Amt mehr bekleiden. Tatsache ist, dass im rechten Lager zu viele Politiker involviert sind. Es ist klar, dass es keinen Sinn macht, einen Dieb zu bitten, ein Gesetz zu beschließen, das die Diebe ins Gefängnis schickt. Ein solches Gesetz käme nie durch.

Was halten Sie von Berlusconi Vorwurf, die Justiz lasse sich von der Politik instrumentalisieren?

Di Pietro: Berlusconi hat weder das politische noch das moralische Recht, um eine solche Aussage zu machen. Wenn sich die Justiz tatsächlich zu politischen Zwecken missbrauchen ließe, hätte sie weder gegen ihn prozessiert noch hätte sie jemals einen Prozess wie „Mani pulite" geführt. Wir haben seinerzeit gegen alle Politiker ermittelt, die sich einer strafbaren Handlung schuldig machten, unabhängig von Rang und Funktion. Dies ist der Beweis dafür, dass sich die Justiz nicht von der Politik instrumentalisieren lässt. Das Umgekehrte gilt freilich ebenso: Die Politik lässt sich nicht von der Justiz instrumentalisieren. In einem Rechtsstaat müssen alle gleich vor dem Gesetz sein – auch die Politiker. Wenn die Politiker nicht wollen, dass die Richter ihre Geschäfte überprüfen, haben sie nur eine Möglichkeit, um dies zu vermeiden: keine strafbaren Handlungen zu begehen. Es ist jedoch unsinnig, Politiker immun machen und den Richtern verbieten zu wollen, gegen sie zu ermitteln, wie dies die Regierung unter Berlusconi will. Schuld sind nicht die Richter, die Ermittlungen führen, sondern die Politiker, die Straftaten begehen.

Der Ex-Bürgermeister von Palermo, Leoluca Orlando, hat jüngst gesagt, dass sich in Italien unter der Regierung von Berlusconi und ihrer Änderung der Gesetze sich eine öffentliche Stimmung breit mache, welche die Korruption begünstigt. Teilen sie diese Meinung?

Di Pietro: Man kann nicht verlangen, dass sich die Verwalteten – also das Volk – ethisch korrekter verhalten als die Verwalter – also die Politiker. Italien ist in den letzten Jahren wieder von einer gesellschaftlichen Krankheit heimgesucht worden: der Korruption. Anstatt dass die politische Klasse die Konsequenzen aus den Korruptionsaffären zu Beginn der Neunzigerjahre zog, hat sie sich wieder erholt und fährt mit ihren Machenschaften fort, als wäre nichts gewesen. Dabei profitiert sie von italienischen Gesetzen, die Politikern, die schon einmal verurteilt wurden, nicht verbietet, weiter Politik zu betreiben. Und diese Klasse profitiert ebenfalls von der Kontrolle der Information und von ihrer Macht als Gesetzgeber, indem sie Gesetze zu ihren Gunsten ändert.

Glauben die Italiener noch an die Politik oder erlebt Italien zur Zeit eine Phase der Entpolitisierung?

Di Pietro: Diese Tendenz der Entpolitisierung ist kein Phänomen, das sich allein auf Italien beschränkt. Der Schweiz ergeht es in dieser Hinsicht nicht besser als Italien oder anderen europäischen Ländern. Überall in Europa ist eine zunehmende Entfernung der Bürger von der Politik festzustellen. Ich führe das auf den Wohlstand zurück, der einen Individualismus begünstigt, der sich nicht mehr um kollektive Belange kümmern zu müssen glaubt. Die Notwendigkeit der Politik wird vor allem in Ländern reklamiert, in denen die Freiheiten und die grundlegenden Rechte fehlen.

Kommen wir noch auf Sie zu sprechen. Weshalb haben Sie 1994 ihr Amt als Untersuchungsrichter niedergelegt?

Di Pietro: Ich habe dies getan, weil ich eine ernsthafte Person bin, die an das Gesetz und an die Moral glaubt. Nachdem ich zwei Jahre lang die „mani pulite“-Untersuchungen geleitet hatte, wurden mir verschiedene Straftaten zur Last gelegt, vom Vorwurf des Missbrauchs bis hin zu gravierenden Vergehen. Ich bin von meinem Amt aus einem einfachen Grund zurückgetreten: Ich bin überzeugt, dass eine öffentliche Person während der Zeit, in der sie von ihrem Amt vor dem Gericht Rechenschaft ablegen muss, dieses Amt nicht ausüben soll und kann, um die eigene Unschuld zu beweisen. Auf meine Entscheidung haben viele mit Unglauben reagiert. Doch glaube ich, dass nicht ich die Anomalie bin, sondern all die, die während der Anklage oder sogar während eines laufenden Prozess ihre Funktion weiterhin ausüben. Ich wusste, dass ich unschuldig bin, und wollte dies in den Prozessen beweisen. Berlusconi hingegen versucht, sich vor den Prozessen zu verteidigen.

Das Gespräch führte René Scheu.

GESPRÄCH MIT ANGELO BOLAFFI

Angelo Bolaffi, 1946 geboren, lehrt politische Philosophie an der Universität La Sapienza in Rom. Er ist Autor unter anderem von „Die schrecklichen Deutschen. Eine merkwürdige Liebeserklärung" (1995) und schreibt häufig für deutsche Zeitungen über Deutschland und Italien.

Herr Bolaffi, jenseits linker Katastrophen-Rhetorik: Ist in Italien die Demokratie in Gefahr?

Angelo Bolaffi: Das ist sie nicht. Theoretisch gesehen, ist Berlusconi sogar hyperdemokratisch, insofern er sich stets auf den *demos*, das Volk, beruft. Seine Strategie besteht freilich genau darin, den Souverän gegen das Recht auszuspielen, also das Recht unter Berufung auf den Volkswillen auszuhebeln. Dies kann er tun, weil er über die Mehrheit im Parlament verfügt.

Ist also der italienische Ministerpräsident ein wahrer Demokrat?

Bolaffi: Es gilt zu unterscheiden: In Gefahr ist nicht in erster Linie die Demokratie, sondern die Rechtsstaatlichkeit. Die Geschichte lehrt uns, dass sowohl eine unfreie Demokratie als auch eine freie, aber zugleich undemokratische Gesellschaft möglich ist. Man denke für den ersten Fall etwa an den Jakobinismus und für den zweiten an das England des 19. Jahrhunderts. In den heutigen modernen Demokratien hingegen gehören Rechtsstaatlichkeit und Demokratie zusammen: keine Demokratie ohne Achtung vor dem Gesetz und keine Achtung vor dem Gesetz ohne Demokratie. Anders gesagt: In einer modernen Demokratie sind dem Souverän durch die Verfassung gesetzliche Grenzen gesetzt. Dagegen kämpft Berlusconi an, er will die Demokratie zu seinen eigenen

Gunsten ausnützen. Wenn der Volkswillen über dem Gesetz steht und er vom Volk gewählt wurde, dann steht Berlusconi selbst über dem Gesetz ...

Die ständige Berufung auf den Volkswillen gehört zur populistischen Rhetorik. Kann in diesem Zusammenhang von einem Populismus Berlusconis gesprochen werden?

Bolaffi: Es gibt einige Merkmale, die alle populistischen Strömungen Europas gemein haben: Ablehnung der anderen Parteien, Ablehnung der politischen Rhetorik und ein politischer Gebrauch dieser Antipolitik. Auch Berlusconi macht Politik, gerade wenn er behauptet, gegen die etablierte Politik zu sein und den Staat wie ein Unternehmen zu führen. „Ich bin nicht wie sie, ich bin anders, ich handle, während sie bloß reden, ich produziere Reichtum, während sie ihn zerstören etc.", so klingt die klassische Rhetorik der Antipolitik, die dann am besten funktioniert, wenn die traditionelle Politik schlecht läuft. Und die Politik lief in Italien lange Zeit schlecht. Die heute weit verbreitete Politikverdrossenheit hat auch mit den Bestechungsfällen der ersten Republik zu tun, denen zu Beginn der Neunzigerjahre die Antikorruptionsermittlungen „Mani pulite" den Garaus zu machen versuchten.
Kommt hinzu, dass die heutigen Gesellschaften immer komplexer, undurchschaubarer und unregierbarer werden, was dem Populismus zusätzlich in die Hände spielt: Er gibt vor, einfache und schnelle Lösungen für komplexe Probleme wie Immigration, Kriminalität etc. zu haben. Obwohl sie meist nichts taugen, geben sie den Leuten ein Gefühl von Machbarkeit und Sicherheit.

Nun haben wir vom Populismus im Allgemeinen gesprochen. Aber Berlusconi ist im europäischen Kon-

text eine einzigartige Erscheinung: zugleich Ministerpräsident und Medienmogul. Wodurch zeichnet sich Berlusconis Populismus spezifisch aus?

Bolaffi: Erstens einmal dadurch, dass Berlusconi an der Macht ist. Er besitzt die Mehrheit im Parlament, während die anderen populistischen Parteien in Europa höchstens mitregieren, das heißt als kleinere Partei mit einer größeren eine Koalition eingehen, wie etwa im Falle von Haiders Volkspartei.

Und worin besteht der zweite Punkt?

Bolaffi: Zweitens unterscheidet sich Italien durch seine spezifische Rhetorik. Berlusconi hat eine Sprache entwickelt, die auf das Medium Fernsehen gleichsam zugeschnitten ist. Er spricht schnell, knapp und für jedermann verständlich; kurz, er spricht bei jeder Gelegenheit so, als würde er gefilmt. Deshalb lassen sich seine Botschaften durchs Fernsehen optimal weiterverbreiten. Berlusconis Populismus ist ein telekratischer Populismus. Das Problem dabei ist freilich, dass er die meisten Sender, in denen er auftritt, zugleich besitzt; er ist nicht nur ein gewiefter Schauspieler in der Mediendemokratie, er ist zugleich ihr Regisseur.

Berlusconis Partei „Forza Italia" ist zwar die wählerstärkste Partei in der Regierung, die Koalition besteht aber auch noch aus Finis „Alleanza Nazionale" und aus Bossis „Lega Nord". Wie groß sind die Differenzen zwischen diesen populistischen Parteien?

Bolaffi: Zweifellos gibt es große Spannungen innerhalb der Regierungskoalition, vor allem zwischen Gianfranco Fini und Umberto Bossi. Der Erste ist ein Repräsentant des Kleinbürgertums, das einen starken Wohlfahrtsstaat will, der Zweite ein Vertreter der

Globalisierungsverlierer, die sich von Rom im Stich gelassen fühlen. Natürlich ist in der postfaschistischen „Alleanza Nazionale“ teilweise noch eine nostalgische Vorstellung des Faschismus virulent, doch gilt diese Sehnsucht nur noch für eine Minderheit. Die „Lega Nord“ hat eine andere Wandlung hinter sich. Einst die Partei des reichen Nordens, ist sie heute zu einem Sammelbecken für ausländerfeindliche Ressentiments geworden und geht bei den Modernisierungsverlierern auf Stimmenfang. Trotz dieser prinzipiellen Differenzen macht die Regierungskoalition keine Anstalten auseinander zu brechen. Denn Bossi ist zu schwach, um die Regierung wirklich erpressen zu können. Und Fini weiß, dass er ohne Berlusconi nicht salonfähig ist.

Gegen Berlusconi sind Prozesse wegen Bilanzfälschung und Korruption hängig. Weshalb wurde er bisher nicht verurteilt?

Bolaffi: Ganz einfach: Er hat die Gesetze geändert. Man muss wissen, dass die Justiz in Italien sehr schlecht funktioniert. Die Italiener sind unzufrieden mit dieser Situation und geben den Richtern dafür die Schuld, entweder weil sie selber schlechte Erfahrung mit der Justiz gemacht haben oder weil sie den Richtern vorwerfen, dass sie sich lange Zeit politisch instrumentalisieren ließen. Berlusconi macht nun nichts anderes, als diese Unzufriedenheit und den Hang vieler Italiener, das Gesetz lieber zu übertreten als zu befolgen, zu seinen Gunsten auszunützen. Er versteckt sich gleichsam hinter dieser öffentlichen Meinung, indem er sagt: Wir brauchen Gesetze, welche die Bürger vor den Richtern schützen. Herausgekommen ist dabei die „Legge Cirami“, die bei „begründetem Verdacht“ auf Befangenheit der Richter erlaubt, Prozesse an einen anderen Gerichtsort zu verlegen. Dieses Gesetz lässt sich missbrauchen, indem man die Prozesse so lange verschiebt, bis die Anklage verjährt ist.

Droht der italienische Staat dadurch Berlusconis Willkür anheimzufallen?

Bolaffi: Der Nationalstaat hat in Zeiten der Globalisierung viel von seiner Souveränität eingebüßt, und seit Italien der EU beigetreten ist, scheint mir diese Gefahr wenn auch nicht gebannt, so doch sehr beschränkt. Viele Entscheidungen werden heute nicht mehr in Rom, sondern in Brüssel gefällt. Trotzdem vermag Berlusconi Italien viel Schaden zuzufügen.

Die italienische Sängerin Gianna Nannini hat kürzlich gesagt, sie würde Berlusconi trotz ihrer Abneigung an einem Konzert engagieren: «Solche Typen sind hervorragende Verkäufer. Wenn bei einem Konzert einmal der Sound ausfiele, können sie das Publikum bei totaler Stille überzeugen, dass die Musik nach wie vor zu hören ist.» Ist diese Haltung - Berlusconi als Politiker zu misstrauen, ihm aber als Verkäufer und Unternehmer zu trauen - nicht typisch für viele Italiener?

Bolaffi: Es ist gewiss so, dass sich ein Teil des Landes in der Person, oder besser: im „Modell Berlusconi" wiedererkennt: Geld, Macht, wenig Gesetze, viel private Interessen, nicht immer reden, sondern handeln. Aber nicht zuletzt Holland und Pim Fortuyns Partei haben uns gezeigt, dass man mit dieser Art von Populismus zwar die Wahlen gewinnen, aber nicht regieren kann. Und in der Tat, Berlusconi regiert schlecht. Von der Umsetzung der versprochenen Wirtschaftsreformen ist nichts zu sehen, die Staatsverschuldung ist so stark gestiegen wie seit 1992 nicht mehr. Um die Gemüter der Bürger zu besänftigen, gibt er ihnen ein kleines Trinkgeld: Er hat etwa die Mindestpensionen um einige Euro erhöht oder jungen Paaren, die ein Haus bauen wollen, kleine finanzielle Vorteile zugestanden. Aber damit lassen sich die Italiener auf die Dauer nicht besänftigen.

Was die Bürger am Ende interessiert, sind nicht in erster Linie Debatten über die Demokratie, sondern wie viel Geld ihnen am Ende des Monats in der Tasche bleibt.

Bolaffi: Das hat die linke Opposition bis heute nicht wirklich begriffen. Sie tut zwar gut daran, Berlusconis zweifelhaftes Rechtsverständnis anzugreifen. Sie versäumt es aber, auf die Inexistenz von Berlusconis Wirtschaftspolitik hinzuweisen. Ob Berlusconi 2004 wieder gewählt wird, hängt davon ab, wie gut oder schlecht es um die finanzielle Lage der meisten Italiener bestellt ist. Hier könnte ihm die gegenwärtig schlechte wirtschaftliche Lage zum Verhängnis werden.

Das Gespräch führte René Scheu.

GESPRÄCH 2 MIT ANGELO BOLAFFI

Biographische Daten: siehe das vorherige Gespräch in diesem Kapitel.

Herr Bolaffi, im September 2002 fand in Rom eine Großdemonstration statt, die gegen die jüngsten Justizreformen der Regierung Berlusconi gerichtet war.[1] *Die Organisatoren hatten sie als „Fest des Protests" bezeichnet. Was gibt es in Italien gegenwärtig zu feiern?*

Angelo Bolaffi: Zu feiern gibt es aus meiner Sicht die Tatsache, dass die Opposition in Italien nach einer langen Zeit, die durch Zersplitterungen und interne Auseinandersetzungen gekennzeichnet war, wieder zusammenfindet. Ich glaube zwar nicht, dass diese Demonstration die Probleme der Linken lösen wird, weil die Risse sehr alt und ideologisch verhärtet sind. Es lässt sich aber erkennen, wie verschiedene Formen der Opposition zusammenzuwachsen beginnen: die Zivilgesellschaft, die intellektuelle Opposition und die linke politische Opposition. Darüber hinaus war die Demonstration dazu angetan, Berlusconi da zu treffen, wo er sehr empfindlich ist: im Bereich des Bildes und der medialen Wahrnehmung. Es nahmen viele Leute aus der Welt der Kultur und der Massenmedien daran teil und verbreiteten ein Bild von Italien, das der Regierung nicht behagt.

Mehrere 100 000 Menschen nahmen daran teil, die Opposition demonstrierte große Einigkeit. Dies verschleiert aber die Tatsache, dass die politische Oppo-

[1] Renato Ruggiero trat im Januar 2002 nach einem öffentlich ausgetragenen Schlagabtausch mit Ministerpräsident Silvio Berlusconi über den Euro von seinem Amt als Aussenminister zurück.

sition sehr schwach ist, weil sie sich in wichtigen Fragen nie einigen kann.

Bolaffi: Die Linke ist in der Tat gespalten. Es lassen sich insbesondere zwei Richtungen ausmachen. Das eher moderate Lager unter dem ehemaligen Ministerpräsidenten D'Alema sagt, man solle Berlusconi gewähren lassen, damit alle sehen, was er mit seiner Politik anrichte. Sie wollen, dass sich Berlusconi gleichsam selbst demontiert. Die Anhänger des anderen Lagers, zu dem viele Intellektuelle gehören, argumentieren radikaler. Sie befürchten, dass Berlusconis Reformen der italienischen Demokratie so großen Schaden zufügen, dass man unmittelbar intervenieren muss, um das Schlimmste zu verhindern. Die beiden Gruppierungen machten bisher keine Anstalten, sich zu versöhnen.

Wie versucht Berlusconi, diese Zerstrittenheit für sich zu nutzen?

Bolaffi: Berlusconi weiß, dass die Zeit gegen ihn läuft. Ich möchte kein falscher Prophet sein, aber ich glaube, dass er früher oder später die Verfassung ändern und ein politisches System nach amerikanischem Vorbild propagieren wird, in dem der Präsident über eine enorme Machtfülle verfügt. Dies wäre nur die konsequente Fortsetzung seiner bisherigen Politik, die weniger auf Programme als auf seine Person setzt. Natürlich ist dies nicht so einfach. Obwohl er die Mehrheit in beiden Kammern besitzt, müsste er eine solche Änderung gegen den Widerstand des Staatspräsidenten Carlo Azeglio Ciampi durchsetzen. Dennoch bin ich überzeugt, dass er, längerfristig gesehen, genau dieses Ziel verfolgt.

Der Regierung wird immer wieder vorgeworfen, keine Politik mehr zu betreiben, sondern allein den persönlichen Interessen Berlusconi in die Hand zu arbeiten. Teilen Sie diese Ansicht?

Bolaffi: Absolut. Der italienische Populismus unter Berlusconi unterscheidet sich von konservativen Bewegungen anderer europäischer Länder in einem wichtigen Punkt. In Italien fehlen die liberalen Wurzeln. Konservative Parteien vertreten gemeinhin die Interessen des aufgeklärten Bürgertums, also Flexibilisierung des Arbeitsmarktes, Senkung der Steuern, Privatisierung usw., wobei solche Forderungen im Rahmen der geltenden Gesetze erhoben werden. In Italien hingegen fehlt diese Achtung vor dem Gesetz. Die Gesetze sollen vielmehr auf die Interessen des Ministerpräsidenten zugeschnitten werden. Berlusconi will keine unabhängige Justiz, sondern eine Justiz, die ihm nichts anhaben kann. Er will keinen freien, sondern einen verzerrten Markt, der seine Firmen vor dem freien Wettbewerb schützt. So erstaunt es nicht, dass Berlusconi immer mehr Vertreter des Bürgertums, insbesondere Klein- und Mittelunternehmer, gegen sich hat.

Der Innenminister Giuseppe Pisanu hat in Anspielung auf die Demonstration kürzlich gesagt, Demokratie werde im Parlament und nicht auf der Piazza gemacht.

Bolaffi: Wer so spricht, ist ein Analphabet der Demokratie. Nur in einer Demokratie ist es überhaupt möglich, seine Meinung frei zu äußern und friedlich kundzutun. Im Übrigen lässt sich diese Aussage gegen die Regierung selbst wenden. Denn seit sie an der Macht ist, findet die Demokratie im Fernsehen und nicht mehr im Parlament statt. So gesehen, macht die Opposition nichts anderes, als die virtuelle Piazza des Fernsehens in eine reale Piazza zu verwandeln.

Das Gespräch führte René Scheu.

GESPRÄCH MIT GIANNI VATTIMO

Gianni Vattimo, 1936 geboren, ist Professor für theoretische Philosophie an der Universität Turin und seit 1999 EU-Abgeordneter für die Linksdemokraten. Im deutschen Sprachraum ist er bekannt geworden als Begründer des „schwachen Denkens" und als Autor zahlreicher Bücher, unter anderem von „Das Ende der Moderne" (1990) und „Jenseits der Interpretation" (1994).

Herr Vattimo, stellt die Regierung von Berlusconi einen Bruch in Italiens Politik dar, wie es immer wieder heißt? Oder liegt das Problem der gegenwärtigen italienischen Politik eher darin, dass sich mit Berlusconi nichts verändert hat?

Gianni Vattimo: Ich bin überzeugt, dass die Regierung Berlusconi eine Zäsur in der politischen Tradition Italiens markiert. Zum einen ist es das erste Mal in Italien, dass sich eine Partei so schnell und überdies nach dem Vorbild eines Unternehmens gebildet hat. Soweit ich weiß, hat „Forza Italia" niemals nationale Kongresse durchgeführt, an denen die Abgeordneten für die Ämter innerhalb der Parteien demokratisch gewählt wurden. Bisher war es immer so, dass der Chef und Eigentümer Berlusconi bestimmte, wer welches Amt bekleiden sollte. Und das erstaunt nicht, stammen doch viele Politiker von „Forza Italia" ursprünglich aus Berlusconis eigenen Firmen. Aber ein zweiter Punkt scheint mir fast noch wesentlicher: Mit Berlusconi betritt zum ersten Mal „das Geld" die Bühne der Politik. Der reichste und einflussreichste Mann Italiens ist zugleich der höchste italienische Politiker, so etwas hat es zuvor noch nie gegeben.

Dennoch scheinen die Italiener ihrer Regierung, die im Ausland argwöhnische bis polemische Reaktionen hervorruft, mit Gleichgültigkeit gegenüberzustehen.

Vattimo: Italien genießt zu Hause zweifellos einen besseren Ruf als im Ausland. Wie kommt das? Ich glaube, dass dies wiederum mit Berlusconi zusammenhängt, mit der Macht seiner Medien. Die öffentliche Meinung wird in Italien wohl noch mehr als anderswo vom Fernsehen beeinflusst, und zwar vor allem vom Privatfernsehen, das Berlusconi fast alleine besitzt. Die privaten Sender schaffen ein Bild der öffentlichen Meinung, in dem sich die Gesellschaft selbst so wahrnimmt, als würde sie Berlusconi näher stehen, als dies tatsächlich der Fall ist. Diese für Mediengesellschaften typische Wahrnehmungsverschiebung führt dazu, dass die Italiener den Gegensatz zu Berlusconi, ihre Armut gegenüber seinem zynischen Reichtum, kaum mehr spüren. Zugleich darf man diesen Meinungsumschwung auch nicht überbewerten. Die Zahlen der letzten Wahlen belegen, dass das Mittelinks-Bündnis an den letzten Wahlen nur etwa eine halbe Million Stimmen an Berlusconis Koalition „La Casa delle libertà“ verloren hat. Das komplizierte italienische Majorz-Wahlsystem macht es eben möglich, dass die Anzahl der Abgeordeten einer Koalition nicht mit dem Stimmenanteil der Bevölkerung übereinzustimmen braucht, das heißt dass die Regierungskoalition unter Umständen viel mehr Macht als die Opposition besitzt, obwohl sie im Volk zahlenmäßig kaum mehr verankert ist.

Ist diese beschwichtigende Argumentation nicht ein Versuch der linksgerichteten Politiker, sich über die Wahlniederlage zu trösten?

Vattimo: Ich wollte damit nichts beschönigen, sondern nur verdeutlichen, dass die öffentliche Meinung sich seit 1996 weniger gewandelt hat, als dies gemeinhin angenommen wird. Wer behauptet, fast alle Italiener seien mit Berlusconi einverstanden, sitzt einer Meinung auf, die von den Medien – und nicht zuletzt von Berlusconis Medien – so konstruiert und kolportiert wird.

Haben die Italiener nicht auch deshalb einem Unternehmer ihr Vertrauen gegeben, weil sie der Politik überdrüssig sind?

Vattimo: Gewiss ist die Politikverdrossenheit in Italien weit verbreitet. Sie hat zum einen mit den Skandalen und Korruptionsaffären zu tun, die 1992 von den „Mani pulite"-Untersuchungen aufgedeckt wurden. Zugleich darf man aber auch hier die Macht der Medien nicht unterschätzen, die das Unpolitischsein kultivieren und fördern. Berlusconi versteht sie in diesem Sinne zu seinen Gunsten einzusetzen: Berlusconis Medien verfolgen die Strategie, kaum mehr von Politik zu sprechen beziehungsweise die Politik als ein Spiel oder eine Sportart darzustellen. Diese Neigung, die Politik gleichsam abschaffen zu wollen, hat eine lange Tradition. Ich erinnere an ein Motto aus der Zeit des italienischen Faschismus: „Hier wird nicht geflucht, nicht auf den Boden gespuckt und nicht über Politik geredet."

Inwieweit ist auch die Linke, die von 1996 bis 2001 an der Regierung war, für dieses Desinteresse verantwortlich?

Vattimo: Zweifellos sind auch die linksgerichteten Parteien an der apolitischen Einstellung vieler Italiener schuld. Das wahre Problem der gegenwärtigen italienischen Opposition besteht meiner Ansicht darin, dass die meisten ihrer Parteien nach wie vor ideologisch sind und sich deshalb gegenseitig bekämpfen. Während Berlusconis Partei allein die Macht im Sinne hat und pragmatisch auf weiteren Machtzuwachs hinarbeitet, sind die ideologischen Parteien weniger kompakt und diskutieren über

Pläne, anstatt sie zu verwirklichen. Die Regierung unter Prodi und D'Alema hat es während ihrer Amtszeit überdies versäumt, demokratische Gesetze zu erlassen, die verhindern, dass die Politik zum Spielball des Großkapitals werden kann.

Kehren wir zu Berlusconi zurück. Sie haben Sich schon mehrfach dahingehend geäußert, dass Sie Berlusconis Interessenkonflikt zwischen politischem Amt und wirtschaftlicher Macht und seine persönliche Kampagne gegen die Justiz für eine Gefährdung der italienischen Demokratie halten. Weshalb?

Vattimo: Davon bin ich überzeugt. Um die verschiedenen Verfahren, die gegen ihn laufen, außer Kraft zu setzen, hat er verschiedene Gesetze zu seinen Gunsten geändert. Das halte ich für viel schlimmer, als wenn er etwa versucht hätte, die Richter zu bestechen, um freigesprochen zu werden. Gegenwärtig möchte Berlusconi eine Justizreform durchführen, die zum Ziel hat, die Anklagebehörde nicht mehr dem Staat, sondern dem Justizminister zu unterstellen. Dies hätte zur Folge, dass die Minister selbst nicht mehr für ihre allfälligen Vergehen zur Verantwortung gezogen würden, weil der Justizminister ja kaum auf die Idee käme, andere Regierende anzuklagen. Dieser Versuch stellt in meinen Augen einen schrecklichen Regress im Rechtsverständnis dar, weil er die Gleichheit aller Bürger vor dem Gesetz verletzt und damit die Demokratie radikal in Frage stellt.

Nichtsdestoweniger hält sich Berlusconi an der Macht und erzählt weiterhin den selbsterfundenen Mythos vom einfachen Mann, der aus eigener Initiative und im Kampf gegen die Trägheit des Staates reich und mächtig wurde. Wie genau funktioniert dieser Mythos und weshalb überlebt er problemlos jede Kritik?

Vattimo: Wenn Berlusconi diesen Mythos verbreitet, dann tut er dies mit einer Unverfrorenheit, die man fast schon Offenheit nennen könnte. An die Geschichte des Selfmademan glaubt er ebensowenig wie die Italiener, wobei er sich durchaus darüber im Klaren ist, dass ihm niemand glaubt. Berlusconi wurde nicht aufgrund dieses Mythos gewählt, sondern weil dahinter eine andere Geschichte durchscheint, mit der sich die Italiener sehr wohl identifizieren können: die Geschichte eines Schlaumeiers, dem es gelang, die Gesetze zu überlisten, ohne bestraft zu werden, und der es so zu Macht und Ansehen brachte.

Sie sind Abgeordneter des europäischen Parlaments für die Linksdemokraten. Wie muss das Bündnis, dem Sie angehören, vorgehen, um das Vertrauen der Bürger wieder zu gewinnen?

Vattimo: Weil das linke Bündnis ohnehin nicht über die Massenmedien gebietet, ist es gezwungen, eine alte politische Tugend zu entdecken und wieder mit einer *politica porta a porta* beginnen: auf die Straße gehen, mit den Leuten sprechen und sie von seinen Anliegen überzeugen. Entweder gelingt es uns, eine Politik neu zu erfinden, die das direkte Gespräch mit dem Bürger sucht, oder wir sind verloren.

Ist eine solche Initiative in einer „mediatisierten Gesellschaft", wie Sie vorhin sagten, überhaupt durchführbar? Wird sie überhaupt wahrgenommen?

Vattimo: Es gibt immer noch viele, die Berlusconis Verdrehungen und Reformen nicht einfach hinnehmen und ihren Unmut öffentlich kundtun. In den letzten Monaten gab es in Italien mehr Demonstrationen als im ganzen letzten Jahrzehnt. Nach einer apolitischen Periode haben viele Italiener wieder die Lust an der Politik und am Politisieren entdeckt.

Der frühere Außenminister Renato Ruggiero hat als Grund für seinen im Januar 2002 erfolgten Rücktritt aus der Regierung Berlusconis deren europafeindliche Einstellung angegeben.[1] *Ist Italien im Begriffe, sich aus Europa zurückzuziehen?*

Vattimo: Der Besuch von Blair im Februar 2002 in Rom zeigt, dass es eine antieuropäische Strategie nicht nur von Berlusconi, sondern von verschiedenen europäischen Regierungen gibt. Die Achse Berlusconi-Blair müsste zumindest noch durch Aznar ergänzt werden. Großbritanniens Antieuropäismus mag aufgrund des geschichtlich bedingten Amerikanismus ein Sonderfall sein, aber dennoch gilt, dass alle diese Regierungen versuchen, Europa im Zustand eines gemeinsamen Marktes zu belassen. Sie wollen keine politische, sondern eine ökonomische Union, weil sie sich verschiedenen europäischen Gesetzen wie etwa dem Anti-Kartellgesetz nicht beugen möchten. Die Rechte beziehungsweise ihre Wählerschaft fürchtet sich davor, dass eine größere europäische Integration zu einem größeren Konkurrenzkampf und zu Einbußen in ihren Geschäften führt. Berlusconi bangt wie andere Unternehmer auch um sein riesiges Imperium und weigert sich, fremden, das heißt europäischen Gesetzen zu unterwerfen, über die er nicht verfügen kann.

Wenn Berlusconi eine solche Gefahr für die europäische Demokratie darstellt, weshalb hat dann die Europäische Union nicht längst eingegeriffen?

Vattimo: Das hat einerseits damit damit zu tun, dass die Europäische Union aus den gegen Österreich ausgesprochenen Drohungen gelernt hat. Die unerbittliche Haltung Europas gegenüber Österreich hat zu einem Wiedererstarken des Nationalismus geführt, also zum Gegenteil dessen, was die Intervention bezweckte. Die Euorpäische Union ist deshalb in ihrem

Vorgehen vorsichtiger geworden. Weiter sehe ich für die europäische Indifferenz gegenüber Italien noch einen eher traditionellen Grund. Europa verhält sich heute zu Europa, wie sich Churchill einst zum Faschismus verhielt: Zu uns würde der Faschismus nicht passen, so sagte er einmal, aber wenn die Italiener ihn unbedingt wollen, dann sollen sie ihn haben.

Wer die ausländische Presse liest, hat in der Tat den Eindruck, als würde man Italien politisch nicht allzu ernst nehmen.

Vattimo: Die Tradition, weshalb man in Europa eine *bella indifferenza* gegenüber Italien pflegte, hing einmal mit dem Faschismus zusammen, den man irrtümlicherweise für eine weniger gefährliche Diktatur als die nationalsozialistische hielt. Nach dem Krieg war dann Italien mehr als andere europäische Länder von den Vereinigten Staaten abhängig, so dass es nie eine echte eigene Außenpolitik entwickelte. Die ständigen Regierungswechsel und Spaltungen innerhalb der italienischen Parteien waren auch nicht dazu angetan, das Ausland für die italienische Politik einzunehmen. Als Italien der Währungsunion beitrat, wurde es auch politisch erstmals seit langem wieder als Partner akzeptiert, und dies ist ein Verdienst der damaligen Mittelinks-Regierung von Prodi. Wir sind zu einem sowohl politisch als auch ökonomisch respektablen Partner in Europa geworden, aber mit Berlusconi droht nun wieder der Rückfall in eine Polit-Operette.

Das Gespräch führte René Scheu.

GESPRÄCH MIT GERARDO D'AMBROSIO

Gerardo d'Ambrosio, 1930 geboren, war Oberstaatsanwalt am Gericht von Mailand und ist seit Ende 2002 in Pension. In den Antikorruptionsermittlungen „Mani pulite" spielte er eine wichtige Rolle.

Herr D'Ambrosio, die Immunität für Parlamentarier existiert in allen europäischen Staaten. Worin besteht nun die Neuheit des „Lodo Schifani", des neuen Immunitätsgesetzes, das von der italienischen Regierung verabschiedet wurde?[1]

Gerardo D'Ambrosio: Eine parlamentarische Immunität für Parlamentarier gibt es auch in Italien. Gemäß Artikel 68 der Verfassung genießen die Parlamentarier bei Handlungen in Ausübung ihres Amtes Immunität. Dieser Artikel legt auch fest, dass für Hausdurchsuchungen, Beschlagnahmungen und Festnahmen von Parlamentariern die Ermächtigung durch das Parlament erforderlich ist. Ermittlungen jedoch sind ohne die Zustimmung des Parlamentes möglich. Darin unterscheidet sich Italien von anderen europäischen Staaten.

Warum dieser Unterschied?

D'Ambrosio: Das hat einen historischen Grund. Nach dem Inkrafttreten unserer Verfassung 1948

[1] Das „Lodo Schifani" sieht die Immunität für die Inhaber der fünf höchsten Staatsämter vor. Laut dem Gesetz wären neben dem Ministerpräsidenten auch der Staatspräsident, die Präsidenten der beiden Parlamentskammern sowie der Vorsitzende des Verfassungsgerichts vor gerichtlicher Verfolgung sicher.

brauchte das Gericht eine Ermächtigung durch das Parlament, um gegen einen Parlamentarier ein Strafverfahren einzuleiten. Weil das Parlament diese Autorisierung in der Praxis nie erteilte, wurde diese Regelung im Zuge der Antikorruptionsermittlungen „Mani pulite" 1993 vom Parlament abgeschafft. Seit 1993 kann die Justiz frei gegen Parlamentarier ermitteln ...

... doch was hat das „Lodo Schifani" damit zu tun?

D'Ambrosio: Nichts. Dieses Gesetz sieht die Immunität für die fünf höchsten Staatsämter vor, zu denen auch das des Ministerpräsidenten zählt. Die Neuheit besteht nun darin, dass unsere Verfassung keine Form von Immunität für Regierungsvertreter vorsieht. Das eine ist also die parlamentarische Immunität, das andere die Immunität für einen Minister, die bisher nicht vorgesehen war. Insofern ein Minister auch Parlamentarier ist, verfügt er über dieselbe Immunität wie alle anderen Parlamentarier gemäß Artikel 68.

Das „Lodo Schifani" garantiert jedoch nicht nur Immunität für die Inhaber der fünf höchsten Staatsämter in Ausübung ihres Amtes. Unter das Gesetz fallen auch Straftaten, die vor der Amtszeit begangen wurden.

D'Ambrosio: Diese rückwirkende Wirkung ist in der Tat seltsam. Berlusconi ist wegen Straftaten angeklagt, die er als Unternehmer begangen hat, doch macht ihn das neue Gesetz auch gegen diese Prozesse immun. Es geht insbesondere um einen Prozess aus den Neunzigerjahren, in dem er wegen Richterbestechung angeklagt ist. Er hatte alle Zeit der Welt, um sich zu verteidigen, doch hat er nichts unversucht gelassen, den Prozess hinauszuzögern. Als er im Mai

2001 Ministerpräsident wurde, war der Prozess deshalb noch am Laufen. Schon als Berlusconi noch in der Opposition war, versuchte er, die Justiz ihrer Legitimation zu berauben. Er wähnte sich von der Justiz verfolgt und beschimpfte die Richter als Kommunisten. Hier hätte er die nach 1993 abgeschaffte Ermächtigung durch das Parlament auch im Falle von Ermittlungen wieder einführen können. Doch dies geschah nicht. Und Berlusconi wollte damals auch nichts von einem „Lodo Schifani" wissen...

... existiert so etwas wie das „Lodo Schifani" in einem anderen europäischen Staat?

D'Ambrosio: Nein. In jedem anderen europäischen Land können alle Regierungsvertreter für ihre Handlungen normal zur Rechenschaft gezogen werden. In Griechenland, Spanien und Israel existiert eine solche Immunität für das Staatsoberhaupt, jedoch nicht für den Ministerpräsidenten. Ich wiederhole: Wenn Berlusconi sein Gesetz vor oder wenigstens gleich nach den Wahlen in sein Programm aufgenommen hätte, wäre daraus kein Skandal geworden. Doch nun kann man sich des Eindrucks nicht erwehren, es sei der letzte Versuch von Berlusconi, sich vor dem Prozess zu retten. Er hat in seiner Amtszeit verschiedene Gesetze eingeführt, die seine Prozesse hinauszögerten: eine Erschwerung der Rechtshilfe; die Entkriminalisierung der Bilanzfälschung; eine Herabsetzung der Verjährung; ein Gesetz, das im Falle des Verdachts auf Voreingenommenheit der Richter erlaubt, den Prozess an einen anderen Ort zu verlegen. Doch sein Prozess ging dessen ungeachtet weiter, und erst am Ende hat er dieses Immunitätsgesetz vorgeschlagen, das nun vom Parlament verabschiedet wurde.

Ist dieses Gesetz verfassungswidrig?

D'Ambrosio: Das glaube ich in der Tat. Und zwar deshalb, weil es mit einem grundlegenden Prinzip unserer Verfassung bricht: Alle Bürger sind vor dem Gesetz gleich. Der Verfassungsgerichtshof wird entscheiden müssen, ob dieses Gesetz der Verfassung widerspricht oder nicht. Das Problem ist jedoch ein anderes: Solange dies nicht geklärt ist, bleibt der Prozess suspendiert ...

... gesetzt nun, das Gesetz ist verfassungswidrig, so würde aber der Prozess nach der Entscheidung des Verfassungsgerichtshofes regulär weitergeführt ...

D'Ambrosio: Nicht ganz. Im Januar 2004 verfällt das Mandat eines Richters in diesem Prozess, das Mandat von Guido Brambilla. Das Gesetz schreibt vor, dass dann der ganze Prozess neu aufgerollt wird. Die Straftaten, die Berlusconi begangen haben soll, werden 2006 verjährt sein, und der ganze Prozess wird bis dann unmöglich abgeschlossen werden können.

Also wird Berlusconi unmöglich verurteilt werden, weil Verjährung eintritt?

D'Ambrosio: So ist es.

Das Gespräch führte René Scheu.

Regime

GESPRÄCH MIT GIANNI VATTIMO

Biographische Daten: siehe das Gespräch im Kapitel „Justiz".

Herr Vattimo, die Regierung von Silvio Berlusconi und die Opposition liefern sich heftige Wortgefechte. Die Linke spricht von einem „Regime", während Berlusconi überzeugt ist, von kommunistischen Staatsanwälten verfolgt zu werden. Was stimmt nun?

Gianni Vattimo: Ich zähle mich selbst zur Opposition und bin deshalb kein neutraler Beobachter. Doch unabhängig von meinem politischen Hintergrund glaube ich, dass die Rede von einem Regime keineswegs absurd ist. Mit „Regime" meine ich keine Herrschaft, die sich mit polizeilich-militärischer Gewalt an der Macht hält, sondern eine subtile Form der gesellschaftlichen und politischen Kontrolle, die sich mit den feinen Waffen der politischen Manipulation und der Medien durchsetzt. Ein Beispiel: Kürzlich wollte ein Abgeordneter von Berlusconis Partei „Forza Italia" ein Gesetz durchbringen, das erlaubt, Journalisten wegen Verleumdung bis zu drei Jahren einzusperren. Natürlich hat diese Vorlage einen gewaltsamen Aspekt. Doch in erster Linie ging es „Forza Italia" darum, die Journalisten einzuschüchtern. Berlusconis Koalition, und insbesondere Berlusconi selbst, drohen die öffentliche und die private Sphäre immer weiter mit ihren Botschaften, Strategien und Aktionen zu besetzen, wie dies seinerzeit die *Democrazia Cristiana* tat, die ebenfalls regime-artige Züge aufwies. Das kann der italienische Ministerpräsident machen, weil er nicht nur der mächtigste Politiker, sondern auch der mächtigste Unternehmer Italiens ist und die Mehrheit der italienischen Medien kontrolliert, vom Privatfernsehen über Zeitungen bis hin zu Buchverlagen.

Dennoch: Regime ist ein großes Wort.

Vattimo: Ich glaube, dass jede Form von Faschismus letztlich auf einem verbreiteten gesellschaftlichen Konsens gründet. Und den versucht Berlusconi zu erzielen, indem seine Anhänger an seiner Macht teilhaben lässt und ihnen kleine Privilegien zuhält. Viele Journalisten, die für Zeitungen im Besitze von Berlusconi arbeiten, glauben nicht an seine Politik; aus Bequemlichkeit oder weil sie in den Genuss von Privilegien kommen, passen sie sich jedoch an, so wie dies in Zeiten des Faschismus geschah. Wir haben es also nicht mit einem polizeilich-militärischen Regime, sondern mit einem Medien- und Geschäftsregime zu tun.

Wenn Berlusconi sagt, die Justiz habe es auf ihn abgesehen, hat er dann Recht?

Vattimo: Er wird nicht politisch, sondern amtlich, das heißt gerichtlich verfolgt, und dies ist ein fundamentaler Unterschied. Die Staatanwälte, die gegen ihn ermitteln, werden zu Kommunisten, sobald sie mit ihrer Arbeit beginnen. Nehmen wir Antonio Di Pietro, den führenden Staatsanwalt der Anti-Korruptionsermittlungen „Mani Pulite" Anfang der Neunzigerjahre. Man kann Di Pietro alles Mögliche nachsagen, aber sicher nicht, dass er ein Kommunist ist – er ist ein Mann der Ordnung, ein ehemaliger Polizist.

Gegen Berlusconi und seine Unternehmen sind zahlreiche Verfahren hängig. Ist die Justiz nicht doch politisiert, sind ihre Ermittlungen nicht auch politisch motiviert?

Vattimo: Erstens: Wenn sich Berlusconi mit der hohen Zahl der Verfahren brüstet, die gegen ihn laufen, dann hängt das auch mit der Technik seiner Verteidigung zusammen. Seine Anwälte lassen nichts unversucht, um die Prozesse hinauszuzögern und zu verschleppen. Zweitens: Die beste Methode, um herauszufinden, ob es sich tatsächlich um Verfolgungen handelt, wie Berlusconi glaubt, bestünde darin, die Prozesse durchzuführen. Wenn wir schauen, wie viele Prozesse in der Blütezeit der Mafia in den USA gegen die Mafiabosse liefen, treffen wir auf eine noch viel größere Zahl. Aber hat deshalb jemals jemand gesagt, dass die Mafiabosse verfolgt würden? Übrigens: Berlusconi ist wegen Vergehen angeklagt, die er nicht während, sondern vor seiner Zeit als Politiker begangen haben soll. Er hingegen behauptet, die Justiz habe es auf ihn abgesehen, seit er die Bühne der Politik betreten hat.

Sie spielen auf Berlusconis angebliche Kontakte zu Exponenten der Mafia an...

Vattimo: Es ist aktenkundig, dass Berlusconi Beziehungen zu Mafiosi pflegte. Er beteuert, nicht gewusst zu haben, dass sie der Mafia angehörten, doch er bestreitet nicht, mit ihnen Umgang gepflegt zu haben. Auch von den Anhängern der *Democrazia Cristiana* sagte man, sie seien Freunde der Mafia, so wie man dies zu Recht von den Amerikanern behauptete, die 1945 in Italien landeten und von der sizilianischen Mafia empfangen wurden. Das ist ein unrühmliches Kapitel unserer Geschichte, von dem man nicht gerne spricht, das man aber kennt. Die Sache ist nun die, dass Berlusconi angebliche Mafiosi nicht nur gekannt hat, sondern sie in seiner Villa in Arcore sogar beherbergte. Vittorio Mangano, ein verurteilter Mafioso, wurde in den Siebzigerjahren von Berlusconi als Stallmeister angestellt.

Zurück zur Justiz: Die Opposition kritisiert Berlusconi seit seinem Amtsantritt vor zwei Jahren, indem sie vor allem auf den Interessenkonflikt aufmerksam macht: zugleich der mächtigste Politiker des Landes, der mächtigste Unternehmer und der größte Medienmogul. Doch interessiert sich der Bürger und Wähler wirklich für diese juristische Frage?

Vattimo: Das ist zweifellos ein Problem. Es herrscht in Italien eine Art Toleranz gegenüber den Gesetzwidrigkeiten Berlusconis. Für diese Toleranz gibt es zwei Gründe. Erstens: Fast niemand hat Zeit und Lust, sich genauer mit dem Problem des Interessekonfliktes zu befassen. Für Berlusconi ist es ein Leichtes, über seine medialen Kanäle Halbwahrheiten zu verbreiten, und die Leute glauben ihm. Zweitens: Viele Leute haben resigniert und reagieren mit Gleichgültigkeit auf die Angriffe der Linken und die Gegenangriffe der Regierung. Diese Resignation macht mir Angst, weil sie mich wiederum an die Zeiten des italienischen Faschismus erinnert, als man zuerst auch alles schluckte, was von oben kam, bis es dann zu spät war. Vielleicht hat diese Resignation mit dem italienischen Katholizismus zu tun: Man verficht strenge Prinzipien, doch in der Praxis sieht alles anders aus: man nimmt alles so hin, wie es eben ist...

... hat diese Toleranz nicht vielmehr damit zu tun, dass Berlusconi den „Italian Dream“ verkörpert: erfolgreich zu sein, wobei man dem eigenen Erfolg zuweilen auch augenzwinkernd mit zweifelhaften Mitteln nachhelfen kann?

Vattimo: Was Sie da sagen, ist nicht eben schmeichelhaften für die Italiener. Wir sind kein Volk von Verbrechern, nicht mehr oder weniger als andere Völker. Aber vielleicht pflegen wir einen manchmal etwas zweifelhaften Umgang mit dem Staat, weil unser Staat lange – und eigentlich bis heute – schwach war. Die italienische Republik wurde Ende des 19. Jahrhunderts gegründet, ist mithin ein junger Staat. Der Staatssinn hat sich deshalb erst vergleichsweise spät herausgebildet und ist entsprechend schwach. Dennoch glaube ich, dass mehr als die Hälfte der Italiener nicht so denkt, wie es Berlusconi gerne möchte: sich bloß um die eigenen Geschäfte und Belange zu kümmern, solange der Staat den Einzelnen nicht in seiner Freiheit oder in seinem ökonomischen Möglichkeiten einschränkt.

Sie vergleichen die Ära Berlusconi immer wieder mit dem Faschismus. Wollen Sie damit sagen, Berlusconi sei ein Faschist? Ist es nicht übertrieben, Berlusconi als Faschisten zu betrachten?

Vattimo: Berlusconi ist kein Faschist. Er ist dies schon allein deshalb nicht, weil sich seine Macht auf seine Geschäfte und Unternehmen gründet, die auf eine, formal gesehen, offene Gesellschaft angewiesen sind. Der Faschismus war ein autoritäres Regime in schwierigen ökonomischen und gesellschaftlichen Zeiten, Italien war damals ein armes Land, das eben erst die erste Modernisierungswelle hinter sich hatte. Dennoch scheint mir ein Vergleich nicht in jeder Hinsicht absurd. Berlusconi verfügt über alle Fehler des „duce“: den Egoismus, den Narzissmus, den Willen zur Macht, das Gefühl der Allmacht. Ihm gehen jedoch alle Vorzüge von Mussolini ab: Mussolini war ein politischer Mensch, Berlusconi ist ein Machtmensch in eigener Sache. So schlimm der Faschismus auch war, so sehr trug er dennoch zu einer Politisierung und Emanzipation gewisser Bevölkerungsschichten bei. Es gab etwa die „massaie rurali“, eine politische Vereinigung der faschistischen Partei, die aus Frauen vom Lande bestand: sie trafen sich, diskutierten und machten Politik. Berlusconi hingegen versucht, uns mit seinem Fernsehen zu verblöden und zu apolitischen Menschen zu machen. Ich glaube, dass diese Entpolitisierung der Demokratie großen Schaden zufügt, denn eine Demokratie lebt von der politischen Teilnahme ihrer Bürger.

Die linke Opposition wirft Berlusconi stets vor, Politik für seine eigenen Interessen zu machen. Warum kann das, was Berlusconi als Unternehmen nützt, nicht auch dem Land nützen?

Vattimo: Wie uns der Liberalismus gelehrt hat, blüht eine Wirtschaft dann, wenn sie Konkurrenz zulässt. Berlusconi hingegen ist ein Monopolist. Er gibt vor, den Wettbewerb zu fördern, um ihn in Wirklichkeit abzuschaffen und seinen Unternehmen Vorteile zu verschaffen. Berlusconi praktiziert einen skrupellosen Kapitalismus, auch und gerade mit Hilfe der Politik: Wen ich nicht essen kann, den kaufe ich.

Kommen wir nochmals auf die Justiz zurück: Die Regierung will die parlamentarische Immunität wieder einführen. Was halten Sie davon?

Vattimo: Die normale parlamentarische Immunität besteht bereits, das heißt ein Parlamentarier kann nur dann vom Gericht verurteilt werden, wenn das Parlament zustimmt. Doch nun will die Regierung eine totale Immunität einführen, die ausschließt, dass einem Parlamentarier der Prozess gemacht werden kann. Das ist für mich gefährlicher Unsinn. Ich halte die gegenwärtige Regelung für absolut ausreichend. Bevor das Parlament die Immunität eines Abgeordneten aufheben kann, ist es auf Informationen angewiesen, muss Transparenz geschaffen werden – erst dann wird allenfalls ein Verfahren eröffnet. Mit der neuen Regelung wären solche Ermittlungen nicht mehr zulässig. Diese Intransparenz verträgt sich nicht mit einer Demokratie.

Am 1. Juli übernimmt Italien die Präsidentenschaft der Europäischen Union. Sie sind EU-Abgeordneter und arbeiten in Brüssel: Welches Bild haben die europäischen Politiker vom gegenwärtigen Italien?

Vattimo: Armes Europa! Das Bild ist schlechter denn je, sowohl links als auch rechts. Die meisten Politiker nehmen die folgende Haltung gegenüber Berlusconi ein: Er ist zwar ein Bandit, aber immerhin ein sympathischer. Diese Position ähnelt jener, die Winston Churchill in den Dreißigerjahren des vergangenen Jahrhunderts gegenüber Italien einnahm: Zu uns Engländern würde der Faschismus nicht passen, aber wenn ihn die Italiener unbedingt haben wollen, dann sollen sie ihn haben.

Und was ist mit der italienischen Opposition los?

Vattimo: Auf sie trifft wohl das zu, was Andreotti über die Macht gesagt hat: Die Macht zerrüttet die, die sie nicht haben. Die italienische Opposition leidet an all den Übeln der Ohnmächtigen: innere Spannungen und Spaltungen, ideologische Grabenkämpfe, dogmatische Haltungen. Um wirklich eine linke Politik zu vertreten, darf man nichts zu verlieren haben. Die Linke kann in Italien die Wahlen nur dann gewinnen, wenn sie sich mit der Mitte verbündet. Und schon sind die Probleme da: Die Linke hat plötzlich viel zu verlieren. Wenn sie sich zu viel auf die Mitte einlässt, verliert sie den Rückhalt ihrer Wählerschaft; wenn sie es nicht tut, ist sie zu schwach. Niemand weiß zur Zeit, wie die Linke aus dieser heimtückischen Falle herauskommen kann.

Das Gespräch führte René Scheu.

GESPRÄCH MIT ANTONELLO SCIACCHITANO

Antonello Sciacchitano, 1940 geboren, ist Psychoanalytiker in Mailand und Redaktionsmitglied der Philosophie-Zeitschrift „aut aut". Auf deutsch ist von ihm erschienen „Wissenschaft als Hysterie" (2002).

Herr Sciacchitano, Silvio Berlusconi ist einerseits eine Person, über die man ziemlich wenig weiß. Andererseits ist er eine Art Mythos, sowohl für die Rechte als auch für die Linke. Er selbst arbeitet am Mythos des souveränen Staatsmannes, des erfolgreichen Unternehmers und des sympathischen Unterhalters. Die Linke sieht in ihm indes einen Dämonen: den egoistischen Staatsmann, den korrupten Unternehmer und den skrupellosen Betrüger. Wie erklären Sie die Genese des Mythos „Berlusconi"?

Antonello Sciacchitano: Bei Berlusconi haben wir es in der Tat mit einem Mythos zu tun. Ein berühmter italienischer Journalist, Gianni Minà, pflegte einen typischen Ausdruck zu benutzen, wenn er über die Ereignisse der Sechzigerjahre wie etwa die Beatles-Konzerte sprach: *Se il mito incontra la storia*, „Wenn der Mythos auf die Geschichte trifft". Dieser Ausdruck passt in Berlusconis Fall gut. Er gilt als ein Mythos, der aus der jüngeren italienischen Geschichte hervorging und sie nun prägt. Dabei handelt es sich um eine alte Geschichte. Der erste, der sie erzählte, war jemand, der für sie zugleich persönlich bezahlte: Ich spreche von Antonio Gramsci. In seinen *Briefen aus dem Gefängnis* erklärte Gramsci seinen Kindern die Entstehung des Faschismus. Doch leider haben Gramscis Enkel und Enkelinnen vergessen, dass der Faschismus die Folge der Schwäche des Bürgertums ist. Der Bürger, dem die Kraft fehlt, um mit Erfolg auf den internationalen Märkten zu wetteifern, sehnt sich nach einem mächtigen Menschen, der ihn, seine Familie und seinen Handel schützt. So wachsen die Mussolini, die Bossi und Berlusconi heran, um den Wunsch des kleinkarierten Bürgers zu erfüllen, und die Fabel wird wahr. Dabei geht es um eine typische italienische Fabel, weil das italienische Bürgertum seit dem Beginn des Nationalstaates immer an einer angeborenen Schwäche litt. Diese kleine Wahrheit zu unterschätzen, hat schwerwiegende Folgen. So „vergaß" Massimo D'Alema während seiner Amtszeit, ein Gesetz über den sogenannten Interessenkonflikt zu verabschieden. Er fürchtete, die Stimmen des Bürgertums zu verlieren, und verlor alles.

Kommen wir auf Berlusconi zurück: Sie rücken ihn in die Nähe von Mussolini...

Sciacchitano: ... Berlusconi ist kein Mussolini. Sein intellektuelles Niveau ist niedriger als das des *duce*. Er verfügt über keine Theorie der Politik, abgesehen von der Idee, dass die Kommunisten die Kinder fressen. Doch besitzt er eine einzigartige Fähigkeit, in der er alle übertrifft, die Fähigkeit nämlich, mit der Unwissenheit zu arbeiten. Weil die Ignoranz das am meisten verbreitete Gut in der Bevölkerung ist, wird der gesellschaftliche Erfolg des kleinen Berlusconi sicher groß ausfallen. Das sieht die Linke nicht oder will es nicht sehen. Berlusconi bloß als Dämon hinzustellen, halte ich für eine paranoische Dummheit der Opposition...

...warum paranoisch?

Sciacchitano: Politik hat manchmal mehr mit der Paranoia zu tun, als uns lieb ist. Ich meine eine Politik à la „Nur ER ist böse, nur SIE ist böse". Sie produziert keine realen, sondern nur immaginäre Wirkungen: Psychoanalytisch gesagt: Sie produziert nur sterile

Delirien. In diesem Sinne ist die linke Politik eine paranoische Dummheit, genau weil sie nicht realistisch ist. Doch ist die Wirklichkeitsferne kein bloß der Linken anhaftender Mangel, auch die „neue" Rechte ist realitätsblind. Sie führt dazu, dass beide Konkurrenten die eigene Schwäche nicht sehen, sondern nur die des anderen, in die sie die eigene projizieren.

Sie werfen der Linken politische Dummheit vor. Zugleich äußern Sie jedoch den klassischen Vorwurf der Linken gegen Berlusconi: den Faschismus-Vorwurf. Lässt sich Berlusconis Regime – sofern es überhaupt ein Regime ist – mit dem Faschismus vergleichen? Ist dies nicht eine Verharmlosung des Faschismus?

Schacchitano: Die Dummheit der Linken besteht darin, nicht streng genug in der Analyse zu sein und sich stattdessen imaginären Betrachtungen über den Wildwuchs eines Marktes ohne Regeln hinzugeben, über die Unempfindlichkeit der *patrons* gegenüber den Problemen der Arbeiter und über andere alte Eisen, die zur Zeit der englischen industriellen Revolution etwas taugen mochten. Das Problem der Linken ist, die Wissenschaftlichkeit von Marx vergessen zu haben, auch dank der systematischen anti-marxistischen Arbeit der verschiedenen kommunistischen Parteien in Europa. Dem Marxismus ist dasselbe widerfahren wie dem Freudianismus. Von ihrer wissenschaftlichen Wurzel abgetrennt, werden beide eine einfache Beute für den *padrone,* den Herrn: Die Psychoanalyse wird zu einer unter vielen anpasserischen Therapien, der Marxismus verliert sich in Fragen der Rechtssicherheit. Doch denken wir nach! Was bedeutet Rechtsschutz? Das bedeutet, die Werte des durch den Staat garantierten Rechts über alles andere zu stellen. Aber was ist das Recht anderes als die reinste Form des Diskurses des Herrn? Wie kann man also eine Revolution gegen die Herren innerhalb ihres eigenen Diskurses machen? Ganz einfach, indem man bloß von ihr träumt. Die Linke ist noch nicht über die Träumerei hinausgekommen, wie die *girotondi*, die Ringelreihen, auf den italienischen *piazze* zeigen.

Doch was hat Berlusconi mit dem Faschismus zu tun?

Sciacchitano: Wenn ich behaupte, dass beide, Berlusconismus und Faschismus, den Versuch des schwachen Bürgertums darstellen, sich zu verteidigen, dann heißt das nicht, dass sie identisch sind. Es handelt sich um zwei unterschiedliche historische Erscheinungen, die sich jedoch aus demselben *humus* speisen. Der Faschismus verteidigte die Interessen des Bürgertums, indem er dem Lumpenproletariat die Kräfte raubte und es mit imperialistischen und kolonialistischen Träumereien täuschte und ruhigstellte. Der Berlusconismus täuscht keinen Unterproletarier; er beschränkt sich darauf, ihn mit verdummenden Fernsehprogrammen einzulullen, bevor er ihn schlafen legt.
Politisch gesehen, ist der Berlusconismus nicht auf der Höhe des Faschismus. Vor allem deshalb, weil er über keine Theorie verfügt, während der Faschismus durchaus eine hat: eine politisch grobe Theorie zwar, aber eben doch eine Theorie. Der Berlusconismus hingegen ist ausdrücklich atheoretisch. Zudem hat er keine moralischen Beweggründe, wie sie umgekehrt der Faschsimus hat, so verwerflich sie auch sein mögen. Der Berlusconismus entsteht ganz einfach deshalb, um einen mehrfach Angeklagten zu verteidigen. Von einem politischen Programm weiß er nichts und will er nichts wissen. Das beweist die Liste der Gesetze, die Berlusconi auf den Leib geschneidert sind und die vom Parlament in den ersten beiden Jahren der Legislatur verabschiedet worden sind.
Was jedoch am Berlusconismus wirklich beängsti-

gend ist, geht über die juristische Frage des Interessenkonflikts hinaus. Ich spreche von der Sterilisierung der Politik. Wir erleben in Italien eine Zeit des politischen und kulturellen Stillstands, wie es sie noch nie gegeben hat. Der einizige Effekt von Berlusconis Führung des Landes ist die Nostalgie nach der sogenannten Ersten Republik. „Das CAF war besser“, das Triumvirat Craxi-Andreotti-Forlani, so hört man flüstern. Die Nostalgie ist die politische Krankheit, die vom Berlusconi-Virus verursacht wurde. Sie führt zu einem Zustand der Verwirrung. Zu den alten Nostalgien der extremen Rechten und der extremen Linken, die in einem gewissen Sinne klar und deutlich waren, gesellen sich neue Nostalgien, die unklarer sind: Es gibt die Nostalgie nach der alten *Democrazia cristiana*, mit Nostalgikern des rechten und linken Lagers, und es gibt die Nostalgie nach dem alten *Partito socialista italiano*, auch sie mit Anhängern aus beiden Lagern. Doch wie kann man Politik machen? Indem man nostalgisch die Vergangenheit betrachtet? Vielleicht ist es genau das, was der *Cavaliere* will: dass keiner mehr Politik macht, weder der Richter noch der Gewerkschafter, weder der Techniker noch der Intellektuelle. Ein unpolitisches Land lässt sich besser führen. Wie ein Unternehmen.

An der weit verbreiteten Indifferenz ist die Linke indessen nicht weniger schuld als die Rechte; mir scheint, dass die Linke die Tugend des Politsierens erst wieder entdeckt hat, seit Berlusconi an der Macht ist. Was müsste die Opposition tun, um die Gesellschaft wieder zu politisieren?

Sciacchitano: In der allgemeinen politischen *und* kulturellen Indifferenz Italiens ist die Schuld der Linken qualitativ und quantitativ verschieden von der Schuld der Rechten. Die Wählerschaft der Rechten nimmt ursprünglich eine gleichgültige Haltung gegenüber der Politik ein, nach der Devise: Es soll regieren, wer regieren kann, also der starke Mann, der Diktator; es soll denken, wer denken kann, also der Professor, der Intellektuelle. Die Linke hingegen muss, um zur Indifferenz zu gelangen, die Lektion der großen Meister vergessen, die gut sichtbare Denkströmungen hervorgebracht haben: den Kommunismus, den Sozialismus. Welches war die politische Tugend dieser Bewegungen? Sie setzen sich ursprünglich als kollektive Subjekte des politischen Handelns. Innerhalb dieser Bewegungen sind die Politik oder die Kultur keine bloßen Schemen, die dem Einzelnen von oben auferlegt werden, als wäre es möglich, den Einzelnen abstrakt als von seinen gemeinschaftlichen und sozialen Wurzeln losgelöst zu betrachten, sondern sie sind *ab origine* kollektive Produktionen. Es gibt ein Denkkollektiv – wie es Ludwig Fleck definiert –, das denkt *und* handelt. Das politische Subjekt wird nicht gemeinschaftlich, es ist vielmehr immer schon kollektiv. Es existiert *nur* als soziales Band, das geschichtlich seine Gemeinschaft bildet.

Was also muss die Linke tun, um aus der Lethargie herauszufinden?

Sciacchitano: Die Antwort ist im allgemeinen leicht, im besonderen jedoch schwierig. Im allgemeinen muss sie zur Lektion ihrer Meister zurückkehren. Im besonderen muss sie zum Kern der Wissenschaftlichkeit zurückkehren, der sich teils schon bei den Meistern, aber vor allem bei den ersten Schülern hinter dem dicken Nebel der Ideologie verbirgt. Und zwar hinter eben jener Ideologie, welche die Parteien in Gestalt der politischen Orthodoxie *gegen* das politische Denken ihres Gründers zu entwickeln bemüht waren und noch immer sind. Ich gebe ein Beispiel, das zeigen soll, was ich damit meine.

Bei Marx gibt es einen kleinen Kern von Wissenschaftlichkeit. Ich sage „klein“, weil es Marx als einem Hegelianer schwerfällt, vom idealistischen Traum der klassenlosen Gesellschaft Abschied zu nehmen, jenem Traum also, um den sich die ganze Konstruktion seines Systems dreht. Die klassenlose Gesellschaft ist sein absoluter Geist. Soll man sie vergessen? Wie? Ich weiß es nicht. Ich bin kein Politologe, bin aber durchaus in der Lage zu erkennen, wer etwas von Politik versteht, indem er ihre wissenschaftliche Wurzel bewahrt. Nehmen wir Pietro Scraffa, diesen „unbequemen Kommunisten“, der sein Leben damit verbracht hat, die Werke von Ricardo herauszugeben, Bewohner eines Landes, in dem der Marxismus – als kommunistische Partei – nie Fuß zu fassen vermochte. Vor vierzig Jahren hat Ricardo auf 100 glasklaren Seiten Marxens Lektion reformuliert, indem er sie in einer Reihe von linearen Systemen immer komplexerer Gleichungen formalisierte, wobei nirgends der Kunstgriff des modernen Wirtschaftslebens auftaucht: weder das Geld noch die Akkumulation des Kapitals. Alles wird durch die „Warenproduktion mittels Waren“ – so der Titel eines Buchs von Ricardo – gemacht. Marx hat es einfach versäumt anzuerkennen, dass Geld und Kapital reine „Kunstgriffe“ des Denkens sind. Es sind idealistische Kunstgriffe, insofern sie als einziges und universales Wertmaß konzipiert werden. Für Ricardo ist das Wertmaß einzig die Arbeit. Man kann das theoretische und das praktische Denken von diesen Kunstgriffen befreien, die unser geistiges und politisches Leben quälen, und erhält enorme politische Ergebnisse. Denken Sie nur an eine Gesellschaft, wo das Geld nichts kostet. Diese Gesellschaft existiert bereits – es ist die islamische, wo die Zinsen unbekannt sind, weil die islamische Religion, in der das Spenden zur Pflicht gehört, jede Form von Zinsen als Wucher betrachtet. Denken Sie nur, was die Abschaffung des

Rabatts bewirken würde: die Abschaffung der Turbulenzen auf den Finanzmärkten, die Aufwertung der islamischen Welt, die bis anhin von den westlichen Kriegsherren als Dritte Welt betrachtet wird, das Ende des plutokratischen Schmarotzertums, das Geld mit Geld verdient und vergänglichen Reichtum hervorbringt, vielleicht das Ende der Konflikte im Mittleren Osten, der Wiege unserer Kultur. Das käme einem enormen politischen Wiedererwachen gleich. Es lohnt sich, darüber nachzudenken, liebe Genossen, anstatt Zeit damit zu verlieren, sich über Berlusconi aufzuregen.

Ich komme auf Italien zurück. Wenn keine Politik gemacht wird, sondern Pseudo-Politik, wenn die Bürger politisch nicht mehr gebildet, sondern durch die Medien verdummt werden, ist dann die Demokratie in Gefahr? Eine Demokratie ohne eine politische Öffentlichkeit, ohne das Mitdenken und die Teilnahme der Bürger, ist das noch eine Demokratie?

Sciacchitano: Der Punkt ist, dass es keine Demokratie gibt ohne den Konsens der Mehrheit. Ohne Konsens der Mehrheit gibt es eine Diktatur. Aber der Konsens reicht nicht, um die Demokratie zu retten. Wenn die Mehrheit schweigsam wird, oder schlimmer noch: wenn sie zum Schweigen gebracht wird, dann wird auch die Demokratie zu einer Diktatur, und zwar zu einer, die vielleicht noch gefährlicher ist als die Diktatur durch einen Einzelnen, weil sie sich nicht direkt stürzen lässt. Wir haben jüngst gesehen, wie der Unterschied einiger Dutzend Stimmen in einem Land – den USA – mit 250 Millionen Einwohnern reicht, damit die Mehrheit beziehungsweise die Regierung desselben in kurzer Zeit auf eine idiotische und unerträgliche Weise despotisch wird. Die Diktatur der Mehrheit ist das politische Schicksal, das Alexis de Tocqueville bereits vor zwei Jahrhunderten den

Vereinigten Staaten prophezeit hat. Guter Meteorologe! Und Tocqueville war kein Linker. Offensichtlich haben wir es mit einer wirklichen Aporie zu tun, der man mit Humor begegnen kann: Die Demokratie ist ein sehr schlechtes Regierungssystem, aber es ist das beste, das wir haben. Wobei ich noch etwas hinzufügen möchte. Die Gefahr der Demokratie ist ihr nicht äußerlich, sondern wohnt ihr inne. Wenn sie einen Hitler oder Berlusconi hervorbringt, leidet die Demokratie, wenn auch auf unterschiedliche Weise. Aber wir sollten uns nicht der Täuschung hingeben, Hitler oder Berlusconi seien Außerirdische. Sie kamen nicht vom Mars zu uns. Sie kommen von uns. Wir haben sie „aufgestellt“. Es sind unsere Gespenster. Deshalb produzieren sie verheerende Wirkungen in der Realität.
Ich möchte an dieser Stelle eine persönliche Anekdote erzählen. Ich selbst habe Berlusconi einst gewählt, in den Europa-Wahlen, ich glaube, das war 1994. Mir fällt es schwer, an diese für mich wenig schmeichelhafte Sache zurückzudenken. Die Sache war die, dass ich nicht wusste, wie ich mich vom Genossen Achille Occhetto befreien sollte. Ich war effizient. Occhetto fiel. Aber wenn ich heute sehe, zu welchem Preis, würde ich nicht mehr so handeln. Der Pragmatismus rechtfertigt eben nicht alles.

Ist also die Demokratie in Gefahr?

Sciacchitano: Die Demokratie ist stets in Gefahr. Sie lebt gefährlich und kann nicht anders, wenn sie leben will. Doch wenn das Bewusstsein der Gefahr von der ganzen Gemeinschaft geteilt wird, wenn die eigene Verantwortung nicht an andere abgegeben wird, ist die Gefahr verhältnismäßig gering und wird erträglich.

Es gibt Leute, die behaupten, in Italien habe sich

nach dem Zusammenbruch der Ersten Republik nie wirklich etwas geändert, es habe somit nie eine zweite Republik gegeben. Könnte es vor diesem Hintergrund nicht sein, dass Berlusconi das alte, durch Korruption und Nepotismus geprägte politische System Italiens nun erst zum Einsturz bringt?

Sciacchitano: Ich möchte den Sinn der Frage nicht missverstehen. Meiner Ansicht nach kann man nicht von einem Berlusconi-Gespenst sprechen, so wie Derrida von Marxens Gespenstern spricht. Berlusconi hat den Zusammenbruch der Ersten Republik vielmehr für die eigenen Zwecke benützt, ein Zusammenbruch, den nicht in erster Linie er, sondern der Regionalismus von Umberto Bossi und der Justizialismus von Antonio di Pietro herbeigeführt haben. Berlusconi hat sich wie ein Aasgeier auf den Leichnam der Ersten Republik gestürzt, wobei er Bossi die Führung entriss. Was den Übergang zur Zweiten Rebublik angeht, so glaube auch ich, dass er noch nicht stattgefunden hat. Leider deutet nichts darauf hin, dass dies Kapitän Berlusconi leisten wird, der mit dem Leibchen von „Forza Italia" das Spielfeld der Politik betreten hat. Der Misserfolg der Rechten bei den Regionalwahlen im Juni 2003 lässt erahnen, dass die Leute beginnen, den Braten zu riechen. Die Italiener, die seit jeher eher schlau als intelligent sind, beginnen den Verdacht zu hegen, dass sie betrogen worden sind, dass also in Aladains Wunderlampe – im sogenannten „Haus der Freiheiten" – kein guter, sondern nur der böse Geist eines Geschäftemachers verborgen war, der allein die eigenen Interessen im Sinne hat.

Beispielhaft ist der Fall von Sizilien. In den vorangegangenen Wahlen gewann Berlusconi mit sechzig zu null, indem er in jeder Wahlregion die Mehrheit erhielt. „Aber sind wir Sizilianer denn dumm geworden?", fragte mich damals ein Kollege, Luigi Burzotta, aufrichtig besorgt. „Nein, wir sind nicht dumm“, antwortete er mir daraufhin lächelnd, „aber Opportunisten, jawohl, das sind wir. Wir verstehen es seit Jahrtausenden, mit den *padroni* zusammenzuleben. Berlusconi ist der neue *padrone.* Er lässt vermuten, dass er gut mit der Mafia auskommen wird, wie einst die Christdemokraten, *also* lässt er auf Arbeitsplätze hoffen.“ Leider reicht es nicht, nicht dumm zu sein. Die Probleme des Südens wurden von den Christdemokraten nicht gelöst, und noch weniger von den Sozialisten. Heute scheinen sie Berlusconi ebenso wenig zu interessieren, der so tut, als könnte er sie lösen, indem er eine Brücke über die Meerenge von Messina baut.

Um es philosophisch zu sagen: Durch Berlusconi handelt nicht die Hegelsche List der Vernunft. Das Gesetz der Geschichte, wonach man das Gute durch das Böse erhält, funktioniert nicht. Diese idealistischen Geschichtsmuster taugen nicht, um die kleinliche Politik eines Parvenüs aus Brianza zu rechtfertigen. Daran glaubt nicht einmal Berlusconis Sprachrohr, Paolo Bonaiuti, der mein Klassenkamerad im Gymnasium Giovanni Berchet in Mailand und im Geschichtsunterricht immer der Klassenbeste war.

Das Gespräch führte René Scheu.

Zensur

GESPRÄCH MIT PAOLO FLORES D'ARCAIS

Paolo Flores d'Arcais, 1944 geboren, ist Philosoph und Herausgeber von „MicroMega", einer einflussreichen politisch-kulturellen Zeitschrift in Italien. Auf deutsch ist von ihm erschienen „Die Linke und das Individuum. Ein politisches Pamphlet" (1997).

Herr Flores d'Arcais, der heutige italienische Ministerpräsident Silvio Berlusconi hat in Italien Ende der Siebzigerjahre das Privatfernsehens eingeführt und sein Medienunternehmen seither sukzessive ausgebaut. Rückblickend stellt sich die Frage, weshalb sich damals kein politischer Widerstand gegen die Monopolisierung des Privatfernsehens regte.

Flores d'Arcais: Es ist wichtig zu sehen, dass Berlusconi das Monopol nicht selbst aufbaute. Er konnte von Anfang an auf die Unterstützung von Bettino Craxi zählen, dem damaligen Sekretär der sozialistischen Partei und nachmaligen Regierungspräsidenten. Berlusconis Medienkonzern ging nicht aus einem fairen Wettstreit zwischen Unternehmen hervor, sondern wuchs in einer Situation des regellosen Kapitalismus. So stellt er es selber gerne dar, in Wahrheit aber bestand eine enge Verflechtung zwischen Medienpolitik und Politik.

Wie lässt sich dieser Filz beschreiben?

Flores d'Arcais: Zuerst herrschte im Sektor des Privatfernsehens eine Art gesetzloser Wilder Westen, in dem alles erlaubt war. Dies kam Berlusconi sehr zu pass, und die Regierung tolerierte diese Situation, bis die Justiz intervenierte und die wenigen vorhandenen Gesetze anzuwenden versuchte. So durfte nach damaligem Recht das Privatfernsehen etwa nur regional ausgestrahlt werden, was Berlusconi aber dadurch umging, dass er auf allen Lokalstationen gleichzeitig dieselben Programme zeigte. Craxi setzte 1984 eine Verordnung durch, die die herrschende Situation der Illegalität den Gegebenheiten anpasste und legalisierte. Dieselbe Koalition, diesmal unter Giulio Andreotti, erließ 1990 zudem ein Gesetz,[1] das vorgab, die Medienkonzentration zu verhindern, faktisch aber Berlusconi das Monopol auf dem privaten Sektor garantierte.[2]

Die Politik ließ Berlusconi also gewähren. Wie stand es um die öffentliche Meinung?

Flores d'Arcais: Die öffentliche Meinung als solche vermochte und vermag die Gefahren, die ein TV-Monopol in sich birgt, nicht sogleich zu sehen. Die privaten Sender stellten zu jener Zeit eine Neuheit dar. Sie brachen das staatliche Fernseh-Monopol auf, indem sie vor allem neue Formen der Unterhaltung feilboten. Auch wenn sich über die Qualität der Programme streiten lässt: Zuerst einmal stellten sie eine Bereicherung dar, und als solche wurden sie vom Zuschauer auch wahrgenommen. Dass es problematisch sein kann, wenn eine einzige Person die Kanäle be-

[1] Die Rede ist vom „Gesetz Mammì", benannt nach dem damaligen Minister für Kommunikation, Oscar Mammì.

[2] Neben der RAI, dem staatlichen Fernsehen mit seinen drei Programmen, sollten für die privaten Anbieter, die über ein nationales Netz verfügten, nur 25 Prozent der Sendefrequenzen vorbehalten sein. Doch kamen dafür einzig die drei Kanäle von Silvio Berlusconi in Frage, „Canale 5", „Retequattro" und „Italia 1". Heute kontrolliert Berlusconi indirekt auch das staatliche Fernsehen. Das Führungsgremium der RAI wird von den Präsidenten des Abgeordnetenhauses und des Senats gewählt, die beide Berlusconis Partei „Forza Italia" angehören.

sitzt und kontrolliert, interessierte höchstens am Rande. Hier hat meiner Meinung nach die Politik versagt: Sie hat nicht zu einem kritischen Bewusstsein beigetragen und die Frage der Medienkonzentration nicht genügend problematisiert.

Was bedeuten für die Italiener 20 Jahre Fernsehunterhaltung, wie sie von Berlusconis TV-Kanälen gepflegt wurde und wird?

Flores d'Arcais: Diese Jahre haben zu einer Veränderung des Menschen geführt, zu einer anthropologischen Mutation, so möchte ich fast sagen. Und zwar dadurch, dass sie die gesellschaftlichen Werte auf den Kopf stellten. Ich mache ein Beispiel. Die Korruption existiert in Italien seit jeher. In den Achtzigerjahren, zu Zeiten Craxis, erreichte sie bisher ungeahnte Dimensionen. Das wahre Skandalon liegt freilich woanders: Während die Korruption zuvor als moralisches Übel galt, von der sich Politiker distanzierten, wurde sie unter Craxi zur normalsten Sache der Welt. Die sozialistischen Politiker stellten Geld, Macht und Ruhm in beschämender Weise zur Schau. Dieser hemmungslose Kult des Erfolgs und des Geldes als einziger Wert wurde durch die „Fiction" von Berlusconis Privatfernsehen erst salonfähig gemacht. Nun war es im Bewusstsein der Öffentlichkeit auch Politikern erlaubt, sich schmieren zu lassen, wenn es ihrem beruflichen Aufstieg diente.

Glauben Sie, dass Berlusconi seine Medienmacht für politische Zwecke instrumentalisiert?

Flores d'Arcais: Nicht nur das. Das Umgekehrte ist ebenso wahr: Er missbraucht auch seine politische Macht, um sein Medienimperium weiter auszubauen. Ohne seine Medienmacht wäre es Berlusconi nie gelungen, in der Politik Erfolg zu haben. Als es nach den Bestechungsskandalen zu Beginn der Neunzigerjahre zum Zusammenbruch aller traditionellen Parteien kam, vermochte Berlusconi in wenigen Monaten eine neue politische Kraft auf die Beine zu stellen, weil er zugleich über das Monopol im Fernsehen und in der Werbung verfügte.

Wie genau bedient er sich des Fernsehens, um seine politischen Botschaften zu verbreiten?

Flores d'Arcais: Berlusconi praktiziert eine Politik, die sich um die Realität nicht kümmert. Sie lebt allein von Ankündigungen, Lügen und Manipulationen und ist genau deshalb auf das Fernsehen angewiesen. Der „Berlusconismo" betreibt einen Kult des Geldes; er stellt die Person in den Vordergrund und nicht das Programm; er bietet ein Spektakel des Scheins und hat nur Hohn für das Sein übrig. Wie lange diese Praxis Bestand hat, weiß ich nicht. Ich halte sie für die perfekte Verwirklichung von Orwells Roman 1984: Darin ist die Rede von der Erfindung der Neusprache, in der jedes Wort das eigene Gegenteil bedeutet. Beispiel gefällig? Berlusconi kann eine Koalition „Haus der Freiheiten" nennen, obwohl sie der Freiheit eher feindlich gesinnt ist: Diskussionen sind unerwünscht, allein das Machtwort des Padrone zählt.

Entlassungen von regierungskritischen Journalisten in jüngerer Zeit haben im In- und Ausland zu Kritik von Berlusconis Demokratieverständnis geführt. Es war und ist in den Medien die Rede von Zensur. Teilen Sie diese Meinung?

Flores d'Arcais: Von Zensur kann man vernünftigerweise nur da sprechen, wo versucht wird, die Meinungsvielfalt einzuschränken und zu vereinheitlichen. Damit es eine Meinungsvielfalt gibt, braucht es verschiedene Medien und Kanäle, die diese unterschiedlichen Meinungen verbreiten und eine differenzierte Öffentlichkeit schaffen. Nun ist es so, dass in der modernen Welt das Fernsehen den Ton angibt, und wenn man in Betracht zieht, dass Berlusconi direkt oder indirekt 90 Prozent des italienischen Fernsehens kontrolliert, so bedeutet dies, dass gar keine öffentliche Meinungsvielfalt zustande kommt. Insofern trifft die Rede von Zensur die Sache nicht. Berlusconi definiert durch seine Medienmacht, was ist und was nicht ist, worüber berichtet und was weggelassen wird. Wer alles kontrolliert, braucht nicht zu zensurieren.

Die Kulturzeitschrift MicroMega, die Sie leiten, ist zu einem Sammelbecken für die Intellektuellen der italienischen Linken geworden. Viele Italiener – so auch Autoren Ihrer Zeitschrift – behaupten, die neue Regierung habe ihren Sieg der Schwäche und der Arroganz der zuvor amtierenden Linksregierung zu verdanken.

Flores d'Arcais: Die Arroganz der früheren linksdemokratischen Regierung unter Massimo D'Alema bestand darin, keine linke, sondern eine bloße Politik der Machterhaltung zu betreiben. Sie kümmerte sich nicht um die zwei zentralen Probleme, die sich schon damals aufdrängten: den Pluralismus der Information und die Unabhängigkeit der Justiz. Berlusconi konnte die Wahlen 2001 nur gewinnen, weil die Linke mehr mit sich selbst als mit wichtigen politischen Fragen beschäftigt war. Die Linke hat den Ernst der Lage bis heute nicht begriffen. Noch immer vermag sie sich nicht zusammenzuraufen und gemeinsam gegen Berlusconi anzutreten. Das Ansehen von Berlusonis Regierung ist zwar am Schwinden. Solange die Linke aber ihre inneren Konflikte nicht überwindet, wird er weiterhin an der Macht bleiben.

MicroMega hat sich im letzten Jahr von einer Kulturzeitschrift zu einem politischen Magazin gemausert, das gegen die Regierung Berlusconi polemisiert. Worin sehen Sie die Aufgabe Ihrer Zeitschrift im gegenwärtigen politischen Kontext Italiens?

Flores d'Arcais: Wir machen alles Menschenmögliche, um ein Bewusstsein für die Widersprüche der aktuellen Regierung zu schaffen. Wir liefern kritische Analysen und unabhängige Informationen, wir versuchen von Berlusconi in Umlauf gebrachte Lügen zu entlarven, und wir begleiten auch die linke Opposition kritisch. Gerade weil wir mit dieser Arbeit fast alleine sind, haben wir großen Erfolg. Von einer Nummer über die Mani pulite, die wir letztes Jahr herausbrachten, haben wir 120000 Exemplare verkauft. Während wir normalerweise froh sein müssen, wenn wir einige tausend Stück losbringen, übertraf die Auflage der politischen Nummern alle unsere Erwartungen. Es gibt in der Bevölkerung das Bedürfnis nach einer sowohl kulturellen wie auch politischen Opposition. Das Problem ist nur, dass die Parteien dieses Bedürfnis bisher zu wenig ernst nehmen.

Das Gespräch führte René Scheu.

GESPRÄCH MIT MARCO TRAVAGLIO

Marco Travaglio ist Journalist der italienischen Tageszeitung „La Reppublica" und Mitarbeiter der Zeitschriften „Micromega" und „L'Espresso". Er hat zahlreiche Bücher über die jüngere Geschichte Italiens und insbesondere über Silvio Berlusconi publiziert, unter anderem „L'Odore dei soldi" (2001) und „Mani pulite. La vera storia" (2002).

Herr Travaglio, in Italien streiken die Journalisten, es streiken die Staatsanwälte, es streiken die Konsumenten. Was ist los?

Marco Travaglio: Ein Angriff auf die dritte und vierte Gewalt im Staat findet statt, auf die Justiz und die Medien, die eigentlich die ausführende Gewalt kontrollieren und im Gleichgewicht halten sollten. Doch weil der Herr, der die Exekutive leitet, über eine riesige Machtfülle verfügt, auch und gerade im Bereich der Information, versucht er die dritte und vierte Gewalt seinerseits zu kontrollieren. Ganz zu schweigen davon, dass Berlusconi das Parlament fest im Griff hat, das sich inzwischen auf eine Versammlung von Jasagern reduziert hat. Mit dessen Hilfe versucht er, sich einen Immunitäts-Schild für die Vergangenheit, die Gegenwart und die Zukunft zusammenzubasteln. Dies alles geschieht auf „legalem" Wege – wenn die Verfassung auch nicht verletzt wird, so wird sie doch von innen gleichsam ausgehöhlt und entstellt. Deshalb versuchen all die, die tun, wozu sie erzogen worden sind – nämlich die Bürger gleich zu informieren und sie nach Artikel 3 der Verfassung gleich vor dem Gesetz zu behandeln –, auf diesen Angriff aufmerksam zu machen. Denn dieser Angriff hat schwerwiegende Folgen für die italienische Demokratie, sowohl was die Unabhängigkeit der Justiz als auch was die Freiheit der Presse anbelangt.

Eine Justiz, die ausgehebelt wird, eine Presse, die eingeschüchtert wird – das klingt dramatisch…

Travaglio: …sprechen wir Klartext: Es geht um Straffreiheit und um Zensur. Die Straffreiheit bedarf der Zensur, um sich „ungestraft“ durchzusetzen. Die Straffreiheit zum Beispiel eines Ministerpräsidenten ist illegal und verfassungswidrig und vor allem unannehmbar für die Bürger, die ihrer nicht teilhaftig sind. Um den Leuten das Projekt der Straffreiheit zu verkaufen, muss man sie desinformieren und sie in der Lüge leben lassen. Man muss sie Falsches glauben machen und ihnen Wahres vorenthalten, damit sie unwissend bleiben, sich nicht aufregen und sich nicht beunruhigen. Umgekehrt bedarf die Zensur der Straffreiheit, in dem Sinne, dass die Zensur illegal ist, und um sie legal zu machen, braucht es die Straffreiheit. Straffreiheit und Zensur bedingen sich also wechselseitig.

Gibt es in diesem Italien, in dem oft eine Hofberichterstattung gepflegt wird und die Journalisten nicht den Mut haben zu sagen, was sie denken – gibt es in diesem Italien noch Platz für einen mutigen und objektiven Journalismus?

Travaglio: Diesen Platz gab es – denken Sie nur an Indro Montanelli, meinen journalistischen Lehrmeister. Und es gibt ihn noch. Vielleicht ist der Raum sogar größer als in anderen europäischen Ländern: Wenn der „reine“ Journalismus, der über die Tatsachen so berichtet, wie sie sind, zu einer Randerscheinung wird, zu einem nicht institutionellen Nischenprodukt, das man bekämpft und anprangert, dann wächst der Markt für diese Art des Journalismus, dann wächst automatisch die Nachfrage. Es ist kein Zufall, dass wir immer viel Publikum haben, wenn wir unsere Bücher präsentieren[1] und dass kleine

Kampfzeitungen, die sich diesen Journalismus auf die Fahne geschrieben haben, großen Erfolg haben. Den Platz in der Gesellschaft, im Lesepublikum gibt es also. Im Übrigen: Seit diese Form des unabhängigen Journalismus von den TV-Bildschirmen weitgehend verschwunden ist, sind die Einschaltquoten rapide gesunken. Nicht alle sind bereit, sich von Programmen einlullen und verblöden zu lassen. Das Problem ist nur, dass es vielleicht zu wenige gibt, die den Mut haben, mit ihrem eigenen Kopf nicht nur zu denken, sondern dies auch öffentlich zu sagen, und so gibt es am Ende mehr Nachfrage als Angebot. Dieser Journalismus bleibt den Initiativen Einzelner überlassen, die es sich zu ihrer Aufgabe machen, Anderen auf den Sack zu gehen, wobei sie sich nicht scheuen, persönliche Risiken in Kauf zu nehmen.

Ist es noch zu früh, dass Sie Ihre Bücher in einem Saal oder in einer piazza präsentieren können, die den Namen von Montanelli tragen?

[1] Vgl die Bücher, die MARCO TRAVAGLIO zusammen mit ELIO VELTRI und PETER GOMEZ geschrieben hat: „L'Odore dei soldi. Una storia italiana". Editori Riuniti, Roma 2001; „La repubblica delle banane. Affari e malaffari di trenta potenti nelle sentenze dei giudici". Editori Riuniti: Roma 2001; „Mani pulite. La vera storia". Editori Riuniti: 2002; „Bravi ragazzi. La requisitoria di Boccassini, l'autodifesa die Previti & Co". Editori Riuniti: 2003.

[2] Der seit sechs Jahren amtierende Chefredakteur des „Corriere della Sera", Ferruccio De Bortoli, trat im Mai 2003 zurück. Der Rücktritt wurde mit Differenzen über die Zukunft der Mailänder Tageszeitung zwischen De Bortoli und dem Hauptaktionär der Tageszeitung, der Verlagsgruppe RCS, begründet. Die Opposition bemängelte, dass De Bortoli zurücktreten musste, nachdem der Druck der Aktionäre wegen seiner oft regierungskritischen Linie zu stark geworden sei. Die Aktionäre der Gruppe wiesen Vorwürfe der Opposition zurück.

Travaglio: In den letzten beiden Jahren seit Montanellis Tod bin ich immer wieder auf Orte gestoßen, die seinen Namen tragen. Es ist klar, dass diejenigen, die sich diesen Namen aneignen, oft Personen sind, die ihn zu seinen Lebzeiten sowohl von links als auch von rechts bekämpft haben. Montanelli bleibt aber auf jeden Fall ein grundlegendes Vorbild für einen freien und unabhängigen Journalismus, auch da, wo er irrte. Er irrte, weil er so dachte und nicht weil ihm jemand sagte, was er denken sollte, und so hat sich dieses Modell erhalten. Ich höre immer wieder Leute, die sagen: „Was würde er wohl sagen, wenn er noch am Leben wäre?" Zum Beispiel über das, was beim *Corriere della Sera* jüngst geschah, als der Chefredaktor aus politischen Gründen weggejagt wurde.[2] Das Ganze wurde verborgen und hinuntergespielt, als eine reine Routineangelegenheit abgehandelt, wie sie eben immer wieder geschieht, wo doch alle wissen, dass es so nicht ist.

Bei den Regionalwahlen im Juni 2003 hat die Opposition nicht schlecht abgeschnitten. Sind das Anzeichen dafür, dass die Linke auf dem richtigen Wege ist?

Travaglio: So viel lässt sich mit Sicherheit sagen: Wenn sich die Opposition teilt, verliert sie; wenn sie sich eint, hat sie allenfalls eine Möglichkeit zu gewinnen. Aber es reicht nicht, geeint zu sein, man muss auch glaubwürdige Leader haben, die nicht durch die Vergangenheit der Kompromisse mit Berlusconi kompromittiert sind. Mit „glaubwürdig" meine ich auch: Sie müssen sich gegen dieses Regime aussprechen und es aufrichtig bekämpfen wollen. Die Einheit scheint man einstweilen gefunden zu haben, auch sich wenn bei den jüngsten Wahlen einige Oppositionsparteien wie „Italia dei valori" von Antonio Di Pietro und „Rifondazione communista" von Bertinotti nicht im Bündnis des „Ulivo“ wiederfanden. Doch es fehlt die andere Seite, die konstruktive Seite, es fehlt eine neue Führerschaft mit einem glaubwürdigen Kandidaten für das Amt des Ministerpräsidenten. Davon sehe ich noch keine Spur.

Das Gespräch führte Massimo Pillera.

Mafia

GESPRÄCH MIT LEOLUCA ORLANDO

Leoluca Orlando, 1947 geboren, war während acht Jahren Bürgermeister von Palermo und hat sich international einen Namen als Mafia-Jäger gemacht. Heute ist er Oppositionsführer des sizilianischen Parlaments, EU-Abgeordneter und Autor zahlreicher Bücher. Jüngst ist von ihm seine Autobiographie „Ich werde der Nächste sein“ (2002) erschienen.

Herr Orlando, noch vor zwanzig Jahren war die Mafia eine Bedrohung sowohl für den Staat als auch für den einzelnen. Heute ist es stiller um sie geworden. Hat dieses Schweigen damit zu tun, dass die Mafia an Einfluss verloren hat, oder ist sie so mächtig, dass sie alle zum Schweigen bringt?

Leoluca Orlando: Noch vor zwanzig Jahren war die Mafia fast ausschließlich sizilianisch: Sizilien war die Mafia und die Mafia war Sizilien. Danach kam es zu einer Wende. Neben der sizilianischen Mafia entstanden die russische, die tschetschenische oder die japanische Mafia. So gesehen macht es kaum mehr Sinn, von „der“ Mafia zu sprechen. Sie ist selbst Teil dessen, was ich „identitätsstiftende Illegalität“ nennen möchte. Damit meine ich eine Form der Kriminalität, die zur Identität einer Gemeinschaft geworden ist. Was hat die alte sizilianische Mafia gemacht? Sie bediente sich der Werte unseres Volkes – Ehre, Familie, Freundschaft –, um in deren Namen zu rauben und zu morden. Die sizilianische Mafia hat die sizilianische Kultur pervertiert, genau so wie heute der islamische Terrorismus die islamische Kultur missbraucht, um die eigenen Gewalttaten zu rechtfertigen.

Und welches sind die Werte der „modernen“ Mafia?

Orlando: Freiheit, Sicherheit, Wohlstand. Diese Werte sind ebenso wie die sizilianischen an sich nicht schlecht, doch die Mafia pervertiert sie und macht aus ihnen „satanische Verse“. Die Freiheit wird zur Zügellosigkeit, die Sicherheit zur Unterdrückung, der Wohlstand zur Ausbeutung.

Welche Mafia ist gefährlicher, die alte oder die neue?

Orlando: Im heutigen Italien haben wir die Besonderheit, dass die traditionelle und die moderne Mafia nebeneinander existieren und sich mitunter bekämpfen. Doch gefährlicher ist zweifellos die moderne Variante, weil sie die Werte von heute vertritt und weil sie weniger sichtbar ist. Es besteht die Gefahr, dass sie sich zu einem Tumor für ganz Europa auswächst. Dadurch dass Europa zu einem homogenen Wirtschaftsraum mit einer einzigen Währung geworden ist, ist es zugleich zu einem leichter beherrschbaren Kriminalitätsraum geworden. Die italienische Illegalität investiert in Berlin, ohne kontrolliert zu werden, die spanische Illegalität kauft in Rom, ohne auf Probleme zu treffen usw.

Wie lässt sich die „identitätsstiftende Illegalität“ bekämpfen?

Orlando: Indem man ihr die Werte, die sie usurpiert hat, wieder entreißt. Den islamischen Terrorismus bekämpft man, indem man die islamische Kultur erneuert. Und die sizilianische Mafia bekämpft man, indem man die sizilianische Kultur erneuert. Dies habe ich begriffen, als ich in Palermo als Bürgermeister meinen Kampf gegen die Mafia führte. Deshalb erzähle ich meinem Buch[1] auch Geschichten – die Geschichten eines zwölfjährigen Jungen aus Sizilien, der

[1] Leoluca Orlando bezieht sich auf seine jüngst erschienene Autobiographie. Vgl. LEOLUCA ORLANDO: „Ich sollte der Nächste sein“. Herder: Freiburg 2002.

seine Heimat und seine Kultur entdeckt. Derselbe Junge trifft jedoch auch auf ein unheimliches Schweigen, sobald es um die Machenschaften der Mafia geht, und er wundert sich, dass in Palermo niemand das Wort „Mafia" auszusprechen wagt. Also beginnt er es auszusprechen...

...beruht die Macht der Mafia auf dem Schweigen der Leute?

Orlando: Nirgends war die Mafia so präsent wie in Palermo – und nirgends wurde ihre Existenz so sehr geleugnet wie in Palermo. Damals habe ich erkannt, dass die Mafia nicht auf Leute angewiesen ist, die sie stützen, sondern auf solche, die sie stillschweigend tolerieren. Sie braucht das Schweigen, ihr Gebiet ist die Grauzone. Deshalb kann sie nur erfolgreich bekämpft werden, wenn sie beim Namen genannt wird.

Wie stark wird die italienische Gesellschaft heute noch von der Mafia geprägt?

Orlando: Was ist 1992 mit der Ermordung von Giovanni Falcone und Paolo Borsellino geschehen? Dieses Jahr markiert eine Wende. Die Leute hatten genug, Alt und Jung versammelten sich auf den *piazze* und riefen: *Basta*! *Basta*! Und der Staat schlug zurück, indem er noch härter gegen die Mafia vorging. Mittlerweile ist Italien ein Modell im Kampf gegen das organisierte Verbrechen und die Korruption für ganz Europa geworden. So ist es auch kein Zufall, dass alle Vorschläge zur internationalen Verbrechensbekämpfung, die ich am Europäischen Parlament vorbrachte, verabschiedet wurden. Sizilien hat über viele Jahre die Krankheit exportiert – nun exportiert es die Mittel, um die Krankheit zu behandeln.

Welche Rolle spielt dabei die Regierung unter Berlusconi?

Orlando: Mit der gegenwärtigen Regierung hat Italien diese führende Rolle in der Verbrechensbekämpfung wieder eingebüßt. Viele neue Gesetze, die Berlusconi durchsetzte, erschweren die Arbeit der Justiz, höhlen mitunter ihre Unabhängigkeit aus, die für einen funktionierenden Rechtsstaat unerlässlich ist. Italien droht wieder zu einem rechtsfreien Raum zu werden, in dem alles möglich ist. Diese Umwandlung passt zum „Modell" Berlusconi, das einen zügellosen Kapitalismus propagiert, dem alles untergeordnet wird. Die Legalität ist nicht mehr verbindlich, sondern optional – passend zur heutigen optionalen Gesellschaft: Wollen Sie einen Mercedes mit oder ohne Autoradio? Wollen Sie Wasser mit oder ohne Kohlensäure? Wollen Sie eine Demokratie mit oder ohne Einhaltung der Gesetze? Das kann nicht funktionieren.

Wie geht die Regierung mit dem Thema der Mafia um? Ist es überhaupt noch ein Thema in der italienischen Politik?

Orlando: Vor gut einem Jahr hat ein italienischer Minister, Pietro Lunardi, erklärt, es könne zu Geschäftszwecken notwendig sein, mit der Mafia zusammenzuarbeiten. Wie kann ich mich verteidigen, wenn das Recht verletzt wurde? Ich kann vor Gericht gehen und auf mein Recht pochen. Aber wie kann ich mich gegen einen Minister verteidigen, der öffentlich verkündet, man müsse sich mit der Mafia arrangieren? Ich kann mich nicht wehren, weil er kein Verbrechen begeht. Doch ist der Schaden, den ein solcher Satz in den Köpfen der Leute anrichtet, enorm.

Silvio Berlusconi übt nicht nur das Amt des italienischen Ministerpräsidenten aus. Er ist zugleich der reichste Mann Italiens – Besitzer der größten privaten Fernsehsender, mehrerer Verlage, Zeitungen, Fußballclubs, Werbefirmen, Bauunternehmungen. Sein Imperium hat er in den Siebziger- und Achtzigerjahren aufgebaut. Über die Herkunft seines Vermögens besteht jedoch weitgehend Unklarheit.

Orlando: Es ist nicht an mir zu beurteilen, was Berlusconi in der Vergangenheit gemacht hat. Gerichte sind damit beschäftigt, das herauszufinden. Ich hüte mich davor, deren Entscheide anzuzweifeln, weil ich die Hoheit der Gerichte respektiere. Ich kann sagen, was er heute macht. Er propagiert eine Kultur, die der Mafia nützt, indem er die Werte der Freiheit, der Sicherheit und des Wohlstands in ihr Gegenteil verkehrt. Wenn heute die Mafia und die Korruption in Italien wieder erstarken, hat dies auch damit zu tun, dass sich die politische Kultur Italiens in den letzten Jahren gewandelt hat.

Kein Politiker hat die italienische Nachkriegszeit so stark geprägt wie Giulio Andreotti, der mehrfacher Ministerpräsident war. Auch ihm werden Kontakte zur Mafia zur Last gelegt.

Orlando: Ich möchte die jüngste Schuldsprechung

[2] Das Gespräch wurde im Februar 2003 geführt. Im Mai 2003 hat ein sizilianisches Berufungsgericht Giulio Andreotti vom Vorwurf der Komplizenschaft mit dem organisierten Verbrechen freigesprochen. Die Richter in Palermo bestätigten damit ein erstinstanzliches Urteil aus dem Jahr 1999, gegen das die Staatsanwaltschaft Berufung eingelegt hatte. Andreotti war in einem anderen Prozess in Perugia angeklagt, die Ermordung des Journalisten Mino Pecorelli in Auftrag gegeben zu haben. Vgl. das Interview mit Antonio Di Pietro in diesem Band.

ebensowenig kommentieren wie den Freispruch aus dem Jahre 1999.[2] Ich kann Ihnen hingegen eine politische Einschätzung des Falls geben. Die italienische Nachkriegszeit wurde durch die politische Vorherrschaft der *Democrazia Cristiana* geprägt. Dies begünstigte die Errichtung eines politisch-mafiösen Machtsystems, in dem die Mafia und die Politik sich gegenseitig stützten. Andreotti war der Garant dieses Systems, das wissen selbst die Steine in Sizilien. Politisch gesehen, ist er in meinen Augen deshalb verantwortlich für das alte korrupte Italien, das von der Mafia unterwandert war – unabhängig davon, zu welchem Schluss die Gerichte nun gelangen. Ende der Achtzigerjahre habe ich die *Democrazia Cristiana* vor die Wahl gestellt: entweder Leute wie Andreotti oder Leute wie ich, entweder Leute, die das herrschende korrupte System stützen, oder solche, die es stürzen wollen. Die Partei hat sich für Andreotti entschieden, also bin ich aus der *Democrazia Cristiana* ausgetreten und habe eine eigene Partei gegründet.

Wie genau funktionierte dieses Zusammenspiel zwischen Politik und Mafia?

Orlando: Die Mafia ist kein einfaches kriminelles System, sondern ein Machtsystem mit kriminellen, religiösen, ökonomischen und politischen Wurzeln. Insofern bleibt es stets auf die Religion, auf die Ökonomie und die Politik angewiesen und ist nur in dem Maße mächtig, in dem es diese Bereiche kontrolliert. Die Mafia konnte nach dem Zweiten Weltkrieg nur deshalb so stark werden, weil es eine Übereinstimmung in den Interessen der Mafia und der *Democrazia Cristiana* gab: der Anti-Kommunismus. Diese abstrakte, gleichsam kulturelle Übereinstimmung ist mit der Zeit in die Partei eingedrungen und hat die Köpfe der einzelnen Politiker besetzt. Politiker bedienten sich der Hilfe der Mafiosi, um an die Macht zu kommen, indem sie Stimmen kauften. Und die Mafiosi bedienten sich der Politiker, um ihre lokalen Interessen durchzusetzen, etwa Häuser zu bauen oder Land zu kaufen. Die *Democrazia Cristiana* konnte sich irgendwann nicht mehr aus den Fängen der Mafia befreien, selbst wenn sie es gewollt hätte. Und in der Tat: Als die Mafia 1992 entscheidend zurückgedrängt wurde, begann auch die christliche Partei zu zerfallen.

Wie ist es Ihnen gelungen, aus Palermo, einst Zentrum der Cosa Nostra, eine moderne und sichere Stadt zu machen?

Orlando: Ich habe die Mafia eingangs als eine Form der „identitätsstiftenden Illegalität" bezeichnet. Es ist deshalb fundamental, das Band zwischen Identität und Illegalität zu kappen. Sobald die Mafiosi den Halt der kulturellen Identität verlieren, werden sie zu „normalen" Kriminellen und können nicht mehr mit dem stillschweigenden Konsens der Bevölkerung rechnen. Ich habe in Palermo versucht, die sizilianische Kultur zu rehabilitieren. Ich habe meinen Bürgern gesagt: Die Mafiosi aus Corleone sind nicht würdig, *corleonesi* zu sein, die Mafiosi aus Palermo sind nicht würdig, *palermitani* genannt zu werden. Ich habe ein Bewusstsein dafür geschaffen, dass die Mafia die sizilianische Kultur pervertiert hat, und zugleich ein Bewusstsein dafür, dass es diese Kultur für jeden einzelnen Bürger wieder neu zu entdecken gilt. Diese kulturelle Arbeit war ein Standbein, das andere war die juristische Arbeit. Die Bürger mussten wieder Vertrauen in die Institutionen gewinnen, in das Gericht, die Politik, die Polizei. Diese Besinnung auf die eigene Kultur setzte neue Kräfte frei und den Glauben, dass sich wirklich etwas verändern lässt. Wenn mir heute jemand sagt, Sizilien sei in die Hände von Berlusconi gefallen, gleichsam um mich darauf hinzuweisen, dass Sizilien wieder zu den alten Zeiten zurückkehre, antworte ich stets: Ja, das stimmt. Vielleicht hat sich Sizilien in den letzten beiden Jahren nicht zum eigenen Vorteil verändert. Doch vielleicht verändert es sich in den nächsten Jahren wieder zum Guten. Den Glauben, dass sich wirklich etwas verändern lässt, kann uns niemand mehr nehmen.

Wie präsent ist die Mafia in der Schweiz?

Orlando: Wenn vor 20 Jahren jemand mit verdecktem Gesicht und Waffen in der Hand eine Schweizer Band betrat, rief der Direktor die Polizei. Wenn zur gleichen Zeit jemand mit bedecktem Haupt und einem Koffer voller Geld in die Bank kam, rief derselbe Direktor den Präsidenten, um den Kunden zu empfangen. Die Schweizer Banken haben in der Zwischenzeit jedoch begriffen, dass sie die Illegalität bekämpfen müssen, wenn sie nicht wollen, dass der reiche Kunde zum heimlichen Besitzer der Bank wird. Die Schweiz ist ein Modell für das geworden, was ich als einen ethischen Kapitalismus bezeichnen möchte. Die Vorschriften wurden verschärft, Rechtshilfeabkommen mit anderen Ländern abgeschlossen – unter anderem auch mit Italien. Doch Berlusconi hat sich geweigert, diese Konvention zu ratifizieren. Noch vor fünf Jahren wäre dies undenkbar gewesen; vor fünf Jahren hätte sich die italienische Justiz beschwert, keine Rechtshilfe aus der Schweiz zu erhalten. Heute ist es umgekehrt.

Das Gespräch führte René Scheu.

GESPRÄCH MIT MARCO TRAVAGLIO

Biographische Daten: siehe das Gespräch im Kapitel „Zensur".

Herr Travaglio, Silvio Berlusconi hat Sie mehrmals verklagt...

Marco Travaglio: ... Berlusconi hat zwei Schadenersatzklagen eingereicht, mit weiteren acht Klagen hat er die Seinen beauftragt.

Was haben Sie verbrochen?

Travaglio: Ich habe Prozessakten veröffentlicht, die ihn betreffen, und damit zusammenhängende Fakten erläutert. Darin besteht meine ganze Schuld, und das hat ihn wütend gemacht.

Das ist alles?

Travaglio: Ich habe meine Aufgabe als Chronist wahrgenommen. Das ist alles. Natürlich handelt es sich dabei um Dokumente, die ihm nicht gefallen. Er hat sich über mich geärgert, anstatt sich über die Dokumente zu ärgern, das heißt über sich selbst und über das, was er gemacht hat.

Von welchen Dokumenten sprechen Sie?

Travaglio: Von den Dokumenten, die ich im Buch „L'odore dei soldi"[1] publiziert habe, einem Buch über die Beziehungen zwischen Berlusconi, seinen Getreuen und Exponenten der Mafia. Der Titel des Buches zeigt an, worum es geht: ums Geld. Die ersten Vermögen, die Berlusconi hatte, stammten von zwei Schweizer Finanzierungsgesellschaften, deren wahre

Besitzer man bis heute nicht kennt. Das war zu Beginn der Siebzigerjahre. Zwischen dem Ende der Siebziger- und dem Anfang der Achtzigerjahre (1978-1983) hat Berlusconi über eine nicht unbeträchtliche Summe verfügt, die heute etwa 250 Millionen Euro entspräche. Dieses Geld verwendete er, um seine 24 verschiedenen Holdings zu finanzieren: „Italia 1", „Italia 2" bis „Italia 24". Im Laufe der Zeit wurden daraus sogar 37 Holdings, die hinter Berlusconis Gruppe Fininvest stehen. Auch von diesem Geld weiß man bis heute nicht, woher es kam. Nicht einmal Francesco Giuffrida, Vizedirektor der Banca d'Italia di Palermo, der von Palermos Staatsanwaltschaft damit beauftragt wurde, die Herkunft dieser Gelder zu ermitteln, konnte auf diese Frage eine Antwort geben. Als palermische Staatsanwälte vor mehreren Monaten in den Palazzo Chigi[2] in Rom durften, um Berlusconi als Zeugen im Prozess gegen seinen sizilianischen Freund Marcello Dell'Utri wegen Mitwirkung in einer mafiosen Vereinigung (*concorso esterno in associazione mafiosa*) zu vernehmen, hat sich Berlusconi auf sein Aussageverweigerungsrecht berufen. Er hat bei dieser Gelegenheit auch nicht auf die Frage geantwortet, woher seine Gelder stammten. Die Staatsanwaltschaft von Palermo, die gegen Dell'Utri ermittelt, hat unter anderem die Vermutung geäussert, dass diese Gelder von der Mafia kommen könnten und dass die Mafia die Gelder Berlusconi womöglich über Dell'Utri hat zukommen lassen. Ich habe die Wahrheit nicht in der Tasche. Die Prozessakten stellen jedoch eine Frage: Woher hat er dieses Geld – vor allem auch deshalb, weil er einen Teil des Geldes bar erhalten hat?[3]

Halten Sie es für möglich, dass diese dunklen Gelder von der Mafia kommen?

Travaglio: Es ist bloß eine Hypothese, die Hypothese der Staatsanwaltschaft von Palermo, die seit sechs Jahren gegen Dell'Utri ermittelt. Indem Berlusconi schweigt, trägt er nicht zur Formulierung weiterer Hypothesen bei. Dass Berlusconi und Dell'Utri Beziehungen zu Mitgliedern der Mafia gehabt haben, ist gewiss. Ob diese Gelder von der Mafia kamen, ist hingegen ungewiss. Es ist Aufgabe des Gerichts, dies zu entscheiden. Nur weil ich es gewagt habe, diese Frage zu stellen, wurden ich von Berlusconi und den Seinen mehrmals verklagt. Eine Antwort aber gibt es bis heute nicht.

Sie sprechen von Kontakten zur Mafia, die nicht finanzieller Natur sind...

Travaglio: Wie gesagt: Es ist nicht bewiesen, dass es finanzielle Kontakte gab. Was die anderen Beziehungen angeht, so handelt es sich um solche persönlicher Natur. Die sind absolut bewiesen. Berlusconi selbst hat zugegeben, in seinem Haus in Arcore während einiger Zeit (1974-75) einen Mafia-Boss beherbergt zu haben, der Vittorio Mangano hieß. Er behauptet, nicht gewusst zu haben, wer Mangano war. Dasselbe sagt auch Dell'Utri. Das ist zumindest erstaunlich, denn in Palermo reichte eine Anfrage bei der Polizei, um zu erfahren, dass Mangano schon in jungen Jahren viele Straftaten begangen hatte. Kaum hatte Mangano Berlusconis Villa verlassen, hat er einen Drogenhandel in Mailand aufgezogen. Der Mafia-Jäger Paolo Borsellino, ein Freund von Giovanni Falcone, sagte kurz vor seinem Tode in einem Interview[4], dass Mangano der Brückenkopf der *Cosa nostra*[5] im Norden war, um die Mafia-Gelder zu waschen. Nun ist es zweifellos so, dass man nicht in vier oder fünf Tagen zum Brückenkopf in der *Cosa nostra* wird. Es war schon klar, als Mangano noch in Berlusconis Villa lebte, dass er eine Person von großer verbrecherischer Kraft war. Der letzte *pentito* der Mafia, Antonino Ciuffrè, hat erklärt, davon gewusst zu haben, dass Mangano während seines Aufenthalts im Hause Berlusconi viele Mafia-Bosse empfangen hatte, unter anderem auch den *capo* der *Cosa nostra* jener Zeit, Stefano Bontate. Dann gibt es Verfügungen der Untersuchungsrichter von Florenz und Caltanissetta wegen der Attentate in den Jahren 1992 und 1993, die auch Borsellino und Falcone das Leben gekostet haben, wo es heißt, dass „nicht bloß sporadische Beziehungen“ *(rapporti non meramente occasionali)* zwischen Mitgliedern der *Cosa nostra* und Berlusconi und Dell'Utri nachgewiesen worden seien. Auch hier ist es nicht etwa so, dass ich dies in meinen Büchern aufgedeckt hätte. Ich habe mich darauf beschränkt, daran zu erinnern, was in den Akten geschrieben steht.

Wie schätzen die Ermittler die Rolle Berlusconis in diesem Zusammenhang ein?

Travaglio: Die Staatsanwaltschaften von Florenz und Caltanissetta haben gegen ihn als einen der verborgenen Auftraggeber der Attentate auf Falcone und Borsellino von 1992 und der Bombenattentate in Mailand, Florenz und Rom von 1993 ermittelt. Diese Ermittlungen wurden zu den Akten gelegt, weil man zum Schluss kam, dass nicht genügend Elemente vorhanden waren, um diese Anklage aufrechtzuerhalten.

Sie zitieren, was in den Gerichtsakten geschrieben steht. Das alles klingt reichlich abenteuerlich. Wie kann so jemand Ministerpräsident von Italien werden?

Travaglio: Weil dieses Land nicht genügend informiert ist über die Vergangenheit von Berlusconi. Und es ist deshalb nicht genügend informiert, weil Berlusconi einen Großteil der wichtigen Informationen kontrolliert: Er kontrolliert direkt das ganze Privatfernsehen, indirekt das öffentliche Fernsehen, und so ist er darum besorgt, dass die Leute diese für ihn unangenehmen Dinge nicht erfahren. Wir wollten diese Dinge in einer humoristisch-satirischen Sendung, die „Satyricon" hieß, vor den Wahlen im Jahre 2001 erzählen, um dieses Problem aufzuwerfen und zu fragen: Wie ist es möglich, dass eine Person, die Beziehungen zu Mitgliedern der Mafia unterhielt und sich über die Herkunft seiner Gelder ausschweigt, Ministerpräsident werden kann? Wie kann jemand Ministerpräsident werden, der in Mailand wegen Richterbestechung angeklagt war und nur wegen Verjährung davonkam[6] und der während seiner Kandidatur in einem anderen Prozess[7] ebenfalls wegen Richterbestechung angeklagt ist? Diese Fragen haben wir aufgeworfen, und die Antwort der Opposition war: Es ist nicht gut, während der Wahlkampagne an solche Dinge zu erinnern, man sollte seinen politischen Gegner nicht dämonisieren, das ist rufschädigend für Italien. Berlusconis Reaktion waren die Strafklagen anstatt Antworten auf unsere Fragen...

... Sie sagen, Berlusconi kontrolliere alle Informationen, also sei es seine Schuld, wenn niemand etwas über seine dunkle Vergangenheit erfahre. Aber ist es nicht so, dass die Italiener davon gar nichts wissen wollen? Denn wer wissen will, der kann wissen, zum Beispiel indem er Ihre Bücher liest.

Travaglio: Der lesende Anteil der italienischen Bevölkerung ist so groß wie in Vietnam oder Laos. Etwa 10 Prozent der Italiener lesen ab und zu eine Zeitung. 50 Prozent der Italiener geben in repräsentativen Umfragen zu, sich ausschließlich über das Fernsehen zu informieren. Natürlich ist es so, dass man in vielen Büchereien ein Buch über Berlusconis Machenschaften findet, wenn man es sucht. Natürlich ist so, dass man in Archiven kritische Zeitungsartikel findet, wenn man sie sucht. Doch muss man suchen, und das ist mit Anstrengung verbunden, man muss sich bemühen, man muss dsch engagieren, Geld ausgeben. Dazu sind die wenigsten bereit. So traurig dies auch sein mag, meine Devise ist und bleibt: Die Rolle der Information ist es, alle alles wissen zu lassen. Jeder soll alles wissen können. Wenn dann jemand entscheidet, dass er lieber nicht wissen möchte, dann ist das sein gutes Recht. So funktioniert die Demokratie ...

... das hieße umgekehrt, dass viele Politiker womöglich nur deshalb im Amt sind, weil die Italiener kaum lesen, mithin Analphabeten sind...

Travaglio: ...so ist es. Der Analphabetismus ist freilich auch ein Segen für die Opposition. Wenn die Leute wüssten, wie wenig die Leader von Mitte-Links taugen, würden sie dieselben noch weniger wählen. Das politische Personal, das wir in Italien haben, zeichnet sich vor allem durch intellektuelle Armut aus ...

... und durch ständiges Moralisieren.

Travaglio: Die Frage der Moral war in Italien nach „Mani pulite“ viele Jahre lang von zentraler Bedeutung. Dann wurde sie archiviert und versteckt, was auch die Schuld der Leader von Mitte-Links war. Sie haben entschieden, nicht mehr über diese Dinge zu sprechen, und haben diese Aufgabe den Gerichten übertragen. Doch sind die Probleme so groß, dass sie sich nicht totschweigen lassen. Wenn die italienischen Politiker oder Journalisten nicht darüber sprechen, spricht die ausländische Presse darüber. Und in der Tat: Oft werden in Italien ausländische Zeitungen zitiert, die über die Dinge schreiben, über die wir schweigen. Das führt zuweilen dazu, dass wir die Berichte ausländischer Journalisten in unsere Sprache zurückübersetzen müssen.

Auf der anderen Seite ist es aber auch so, dass die ausländische Presse, insbesondere die deutschsprachige, für eine lange Zeit verstummt ist. Nach dem Regierungsantritt von Berlusconi im Jahre 2001 waren die Zeitungen voll von kritischen Berichten, 2002 ließ die Berichterstattung nach und dieses Jahr war lange gar nichts mehr zu lesen...

Travaglio: Das mag sein. Ich glaube, den Zeitungen ist der Stoff ausgegangen, weil sie schon mehrere Male gesagt haben, was es zu sagen gab.

Sie haben gesagt, die linke Opposition habe die Aufgabe, über Berlusconis Vergangenheit zu sprechen, den Gerichten übertragen. Soll die Justiz leisten, was die Opposition nicht vermag, das heißt Berlusconi zu stoppen?

Travaglio: Der Justiz geht es nicht darum, Berlusconi zu stoppen. Es ist vielmehr Berlusconi, der die Justiz stoppen will. Er hat die Bühne der Politik betreten, nachdem gegen seine Firmen ermittelt und prozessiert worden ist. Die Ermittlungen hätten sich früher oder später auch mit ihm befasst, dem CEO, der alle Entscheidungen traf. Berlusconi ist ein Patron, der alles kontrollieren will, er delegiert nicht gerne. Und er wusste ganz genau, dass auch gegen ihn früher oder später ermittelt würde. Kaum hatte er seine politischen Gewährsmänner verloren, also Bettino Craxi und die Seinen, hat er entschieden, in die Politik zu gehen. Vielleicht war ein Grund, dass er fürchtete, sonst so zu enden wie alle großen Unternehmer. Kaum ein großes Unternehmen oder eine Unternehmensgruppe blieb in Italien von Ermittlungen, Prozessen und Verurteilungen verschont. Die meisten Verantwortlichen mussten ins Gefängnis. Berlusconi müsste eigentlich froh sein, dass er kein Dasein hinter Gittern fristen muss. Weil er in die Politik gegangen ist, kann ihm dies nicht widerfahren. In Italien dürfen Parlamentarier nicht ohne die Autorisierung durch das Parlament selbst festgenommen werden. Die Ermittlungen, die gegen Berlusconi laufen, betreffen ihn als Unternehmer, und zwar als einen Unternehmer wie viele andere auch, die Teil eines korrupten Systems waren. Dieses System ist zwischen 1992 und 1994 zusammengebrochen, und er ist einer der wenigen, der bisher von der Justiz verschont blieb. Seine Strategie ist es bis heute, die Ermittlungen gegen seine Firmen als politische Ermittlungen gegen ihn darzustellen. Die Wahrheit ist aber, dass die Politik damit überhaupt nichts zu tun hat.

Hat Berlusconi also durchaus Recht, als er vor gut einem Jahr behauptete, das Problem einer möglichen Verurteilung existiere nicht und alles löse sich zu seinem Besten auf, weil die Justiz nichts gegen ihn in der Hand habe...

Travaglio: Er ist schlau, weil er sagt: Sie haben keine Beweise gegen mich, also werden sie mich freisprechen. Doch zugleich behindert er den Prozess, wo er nur kann. Wenn er von seiner Unschuld wirklich überzeugt wäre, würde er den Prozess beschleunigen wollen, damit seine Unschuld endlich feststeht. Er gebärdet sich indessen so, wie sich die Schuldigen zu benehmen pflegen, die aus Angst vor der Verurteilung den Prozess möglichst lange hinauszögern. Was Berlusconi macht, steht im Widerspruch zu dem, was er sagt.

Gesetzt, Berlusconi wird eines Tages verurteilt – wo-

vor muss er sich fürchten, wenn ihm eine Festnahme beziehungsweise eine Gefängnisstrafe als Politiker in jedem Fall erspart bleibt?

Travaglio: Es gibt eine ungeschriebene Übereinkunft unter Politikern gleich welcher Couleur, dass die parlamentarische Immunität nicht aufgehoben wird. Richter, die eine Straftat begehen, werden von ihren Kollegen festgenommen; straffällige Politiker werden von ihren Kollegen geschützt...

...also kann Berlusconi gelassen sein, weil ihm nichts droht?

Travaglio: Keineswegs. Es gibt nicht nur das Problem des Gefängnisses, sondern auch das Problem der Wiedergutmachung. Wenn Berlusconi schuldig gesprochen wird, muss er den Opfern Wiedergutmachung zahlen. Er war in zwei Fällen angeklagt, im Falle Mondadori und im Falle Sme. In beiden Fällen wurde ihm vorgeworfen, Richter bestochen zu haben, im ersten Fall um den Mondadori-Verlag De Benedetti wegzuschnappen, im zweiten Fall um De Benedetti am Kauf des staatlichen Lebensmittelkonzerns Sme zu hindern. Im Falle Mondadori wurde Berlusconi wegen Verjährung freigesprochen, Previti hingegen wurde in erster Instanz zu elf Jahren Haft verurteilt. Im Falle Sme steht ein Urteil noch aus. Dabei geht es um eine Firma, die heute einen Wert von mehreren hundert Millionen Euro hat. Und es ist eine Firma, die seit bald 20 Jahren De Benedetti gehören sollte, die ihm aber wegen Berlusconis Intervention – vorgeworfen wird ihm Richterbestechung – nie gehörte. Der Schaden für De Benedetti ist enorm. Und Berlusconi muss ihn bezahlen, wenn er verurteilt wird. De Benedetti fordert von Berlusconi Schadenersatz von mehreren hundert Millionen Euro, nicht nur für den verhinderten Kauf, sondern auch für die ausgebliebenen Umsätze der letzten 20 Jahre. Dies könnte Berlusconis Gruppe in die Knie zwingen und Berlusconi ruinieren. Darüber hinaus wäre eine Verurteilung für Berlusconi rufschädigend: Einen Konkurrenten zu betrügen, indem man Richter besticht, ist nicht eben *un bel modo di presentarsi.*

Das Gespräch führte René Scheu.

Anmerkungen

[1] ELIO VELTRI, MARCO TRAVAGLIO: "L'odore dei soldi. Origini e misteri delle fortune di Silvio Berlusconi". Editori Riuniti: Roma 2001.

[2] Der Palazzo Chigi ist das Regierungsgebäude in Rom.

[3] So weit die Aussagen von Marco Travaglio. Den Gerichtsakten ist zu entnehmen, dass die Staatsanwaltschaft von Palermo dieselben oder zumindest ähnliche Fragen gestellt hat, mit unbefriedigendem Ergebnis. (Anmerkung von R.S.)

[4] Das Interview ist abgedruckt in ELIO VELTRI, MARCO TRAVAGLIO: "L'odore dei soldi", S. 47 ff.

[5] Mafia ist im allgemeinen Sprachgebrauch zu einem Sammelbegriff für das organisierte Verbrechen geworden. *Cosa Nostra* – wörtlich „unsere Sache" – ist die Eigenbezeichnung mafioser Gruppen für ihre Organisation.

[6] Die Rede ist vom Fall Mondadori. Silvio Berlusconi war gemeinsam mit seinem Anwalt und Forza Italia-Abgeordneten Cesare Previti angeklagt, Richter bestochen zu haben, die Anfang der Neunzigerjahre über den Verkauf des Verlagshauses Mondadori zu entscheiden hatten. Die beiden Konkurrenten Silvio Berlusconi und Carlo De Benedetti (Olivetti, Buitoni) stritten sich zwischen 1989 und 1991 um die Übernahme des größten italienischen Verlagshauses. Berlusconis Fininvest-Konzern erhielt schließlich den Zuschlag, Carlo De Benedetti ging leer aus. Das Verfahren gegen Berlusconi wurde wegen Verjährung eingestellt, Previti wurde im April 2003 in erster Instanz zu elf Jahren verurteilt.

[7] Die Rede ist vom Fall Sme. Darin ist Silvio Berlusconi gemeinsam mit Cesare Previti wegen Richterbestechung angeklagt. 1985 wollte der staatliche Konzern Iri, dem seinerzeit

der heutige EU-Kommissionspräsident Romano Prodi vorstand, seinen Lebensmittelbereich Sme verkaufen. Der Schreibmaschinenhersteller und Nudelfabrikant Carlo De Benedetti erhielt den Zuschlag für heute umgerechnet 380 Millionen Euro. Das war dem damaligen Regierungschef Bettino Craxi zu wenig, worauf dieser Berlusconi gebeten haben soll, etwas dagegen zu unternehmen. Berlusconi bot mehr und bekam das Kaufrecht. De Benedetti bestand auf Erfüllung seines Kaufvertrages, zog vor Gericht und verlor in drei Instanzen. Der endgültige Richterspruch soll mit Hilfe von Schmiergeldern zustande gekommen sein, behaupten die Staatsanwälte . Der Prozess ist noch im Gange. Berlusconis Verfahren wurde aus dem Hauptprozess zuerst ausgegliedert und dann dank eines neuen Gesetzes suspendiert. Im Juni 2003 hat die Regierung ein Gesetz verabschiedet („Lodo Schifani"), das den fünf höchsten Repräsentanten des Staates für die Dauer ihrer Amtszeit Immunität gewährt. Dazu zählt auch das Amt des Ministerpräsidenten. Vgl. hierzu auch das Gespräch mit Gerardo D'Ambrosio in diesem Band.

Spektakel

GESPRÄCH MIT DARIO FO

Dario Fo, 1926 geboren, ist Schriftsteller, Schauspieler und Komiker. 1997 hat er den Nobelpreis für Literatur erhalten. Sein Werk erscheint auf deutsch im Rotbuch-Verlag.

Herr Fo, „Ubu' Bas va alla guerra", „Ubu' Bas geht in den Krieg", so der Titel ihres neuen Stücks[1]. *Worum geht es darin?*

Fo: Es handelt sich bei diesem Stück um einen theatralischen Vorwand, der erlaubt, sich über die herrschende Zeit und ihre Mächtigen lustig zu machen. Es geht auf das surrealistische Meisterwerk von Jarry zurück, „Ubu' Roi". Der König verwandelte sich unter den Händen eines französischen Clowns - ich spreche von Jean Jacques Cajou - selbst in einen

[1] Seit bald zwei Jahren zieht Dario Fo durch Italien, um seine Version von „Ubu Roi", einem surrealistischen Stück in fünf Akten von Alfred Jarry (1873-1907), aufzuführen. Das Stück handelt von Ubu, der nach einem Gemetzel den polnischen Thron usurpiert. König Ubu, der von seinen Launen und seiner Brutalität geleitet wird, richtet nach einer kurzen Zeit der Popularität seine Habsucht auch gegen das einfache Volk. Im Bürger Ubu, der zum König und dann zum Bürgerschreck wird, zeigt Jarry durch den Zerrspiegel der Parodie, wohin Machtbesessenheit und Egoismus führen können. Wenn der Nobelpreisträger und erklärte Berlusconi-Kritiker Fo von Ubu spricht, meint er den Ministerpräsidenten - daher rührt die Komik des Stücks. Anlässlich des Irak-Krieges hat Fo den Text umgeschrieben und ihn in ein Anti-Kriegs-Stück verwandelt. Es wurde Anfang 2003 auf mehreren lokalen Fernsehstationen in Italien übertragen und erreichte 5 Millionen Zuschauer.

Clown, aus „Ubu Roi“ wird „Ubu Bas“. Cajou führte seine clowneske Überarbeitung des Stücks erstmals vor dem Zweiten Weltkrieg auf. Er hielt seiner Zeit den Spiegel vor und nahm vor allem die Faschisten auf den Arm. Und unter meinen Händen wurde aus dem Hauptdarsteller „Ubu“ nun unversehens der italienische Ministerpräsident. Aus Anlass des Krieges habe ich es nochmals überarbeitet. Das Stück handelt von wahren Dingen, die als Fabeln erzählt werden. Das Publikum begreift natürlich sogleich, dass in diesem paradoxen, clownesken, absurden Spiel die Wahrheit lauert.

Silvio Berlusconi ist ja bekanntlich selbst ein begnadeter Selbstdarsteller und Schauspieler – könnte man in dieser Hinsicht nicht einiges von ihm lernen?

Fo: Er benützt die Technik des Verwickelns und Hineinziehens, durch die sich das Theater klassischerweise auszeichnet, um zu verkaufen, und das heißt in seinem Fall meist: um den Leuten Rauch zu verkaufen. Jenseits seiner Schönrederei verfolgt er seine eigenen wirtschaftlichen Interessen. Er hat Gesetze zu seinen Gunsten geändert, er hat einen Haufen Prozesse am Hals, wobei er in einigen der Verurteilung nur wegen Verjährung entging. Er ist angeklagt, Leute bestochen zu haben, und er ist der einzige in Europa, der sich glücklicher Besitzer dreier großer Fernsehstationen nennen darf. Kommt hinzu, dass ihm verschiedene große Verlage und Zeitungen sowie die größte italienische Werbefirma gehören. Kurz, er ist zugleich der höchste Politiker im Lande und der mächtigste Wirtschafts-Boss. Für diesen Umstand gibt es einen Ausdruck: Interessenkonflikt. Doch gleich nach seinem Amtsantritt hat er die Gesetze so geändert, dass er den Interessenkonflikt nicht zu lösen braucht.

Welchen Part würden Sie Berlusconi in einem Theaterstück zuweisen?

Fo: Er erinnert mich an Ubu. Ubu ist gemäß dem Stück ein Lügner, ein Verkäufer. Berlusconi verstellt sich, tut dies jedoch ohne Humor und Raffinesse, ohne die geringste Scham. Zuweilen geht er gar soweit, auf die Köpfe seiner Söhne zu schwören und zu behaupten, er sei von Gott gesalbt worden...

Sie machen politisches Theater. Ist diese Art des Theaters nicht veraltet?

Fo: Jede Art von Theater ist politisch, auch das rückwärtsgewandte. Selbst eine Liebesgeschichte ist im ursprünglichen Sinne von „politikos" eine politische Angelegenheit, weil sie die Leute ins Leben verwickelt und ein Bewusstsein dafür weckt. Also kann man auch Politik machen, indem man eine Fabel erzählt. Genauso gut könnte man Politik machen, indem man etwa das Evangelium beschreibt. Denn das Evangelium ist eine außergewöhnliche Sammlung von Elementen, die unser Zusammenleben, unsere Gemeinschaft bilden. Das Hauptmerkmal des Christentums ist die Gemeinschaft, und so ist alles, was Gemeinschaft stiftet, letztlich politisch.

Ihr Stück wurde von verschiedenen lokalen Fernsehstationen, über Satellit und Internet übertragen. Weshalb haben Sie diese Form gewählt?

Fo: Dies ist Teil meines Theaterprojekts. Wir waren nicht die ersten, die diese Form der Verbreitung gewählt haben, doch hatten wir großen Erfolg. Mit diese kleine Fernsehstationen erreichten wir fünf Millionen Zuschauer. Mit unserem Programm haben wir an jenem Abend also das staatliche Fernsehen geschlagen. Man sollte sich jedoch nie allzu sehr auf einen einzigen Erfolg verlassen. Wir müssen nun schauen, was bleibt, wenn wir so weitermachen.

Glauben Sie, dass diese Initiativen die politischen Ideen der Leute wirklich verändern?

Fo: Unser Programm schockierte die Italiener. Warum? Ganz einfach deshalb, weil wir in unserem Programm Dinge zeigten, die in Italien sonst nicht mehr zu sehen sind. Italiens Fernsehlandschaft besteht aus einigen großen privaten Anstalten und dem staatlichen Fernsehen, die von Belusconi unmittelbar oder mittelbar kontrolliert werden. So kann es so weit kommen, dass zwei Stunden Schauspiel und zwei Stunden Nachrichten, die mit dem offiziellen Fernsehen nicht konform sind, schon Aufsehen erregen.

Ist die italienische Opposition zu schwach?

Fo: Keineswegs. Die gesellschaftliche Opposition schöpft gerade jetzt wieder Kraft aus ihrer Bewegung für den Frieden. Sie ist entschieden und will diesmal keine Kompromisse machen. Dies zwingt die oppositionellen Parteien, die traditionellerweise zerstritten sind, sich vollständig neu zu orientieren. Es ist der glückliche und wohl in Italien einzigartige Fall, dass eine selbständige oppositionelle Bewegung aus dem Volk die Ausrichtung der Parteien mitzubestimmen vermag.

Ihr Werk zeichnet sich durch ein einzigartiges Zusammenspiel von Körper, Geist und Sprache aus. Wie geht es weiter?

Fo: Lassen Sie mich mit einer Analogie antworten: In den heutigen Jugendbewegungen ist das Verhältnis von Gesten, Denken und Sprache ausgezeichnet.

Vielleicht ist mein Werk tatsächlich auf einen fruchtbaren Boden gefallen. Das würde ich mir jedenfalls wünschen.

Interview: Massimo Pillera und René Scheu

GESPRÄCH MIT NANDO DALLA CHIESA

Nando Dalla Chiesa, 1949 geboren, ist Professor für Soziologie an der Universität Mailand und Senator für das Oppositionsbündnis „Ulivo". Er zählt zu den Protagonisten der zivilen Bewegungen für die Gerechtigkeit und die Unabhängigkeit der Justiz. Veröffentlicht hat er unter anderem „Un delitto imperfetto" (1984), „Capitano, mio capitano" (2000) und „La legge sono io" (2002).

Herr Dalla Chiesa, das Thema der Justiz droht heute Italien zu entzünden. Warum?

Nando Dalla Chiesa: Das Thema der Justiz und das Verhältnis zwischen Macht und Justiz ist stets der verborgene Nerv der politischen Macht in Italien gewesen. Doch seit dem Attentat auf der Piazza Fontana[1] und der Aufdeckung weiterer Geheimnisse Italiens – der Mafia, der Korruption, der Geheimloge P2[2] – ist es besonders virulent. All dies hat die Korrektkeit der Politik beeinträchtigt und die Qualität unserer Demokratie belastet, und es hat das Verhältnis zur Justiz zweifellos da negativ beeinflusst, wo sie versuchte, für alle gleich zu werden. Wir können also sagen, das es die Siebziger- und Achtzigerjahre sind, in denen klar wird, dass dieses Problem existiert. Dann kommt es in den Neunzigerjahren zum Knall. Aber die politischen Kräfte, die aus der Krise der Neunzigerjahre hervorgehen, haben ein noch schlechteres Verhältnis zur Justiz als ihre Vorgänger. Sie werden von einem politischen Leader geführt, der sein anfängliches Vermögen auf mysteriöse Weise gemacht hat; der die Stufen der Macht mit Rücksichtslosigkeit erklommen hat; der über privilegierte Beziehungen zu skrupellosen Geschäftsmännern verfügt, die wie er die Legalität als ein Hindernis auf dem Weg zur Verwirklichung der eigenen Projekte begreifen....

...Sie sprechen von Silvio Berlusconi...

Dalla Chiesa: ...dieser Berlusconi, der zum großen Bezugspunkt Italiens geworden ist und der die Linke nicht an der Macht haben will, trägt den Virus der Feindseligkeit gegen das Gesetz und die Legalität in sich herum und verbreitet ihn. Er versucht, das Gesetz zu seinem Vorteil zu biegen. Das gelingt ihm nicht oder nicht immer, und daher rührt die Destabilisierung, die wir heute erleben. Sie wird noch zusätzlich dadurch verstärkt, dass sich Berlusconi auf eine politische Kraft wie die Lega Nord eingelassen hat. Die Lega paktierte auf ihrem „revolutionären" Weg zuerst mit den Richtern, weil sie ihn ihnen ein Instrument sah, um die alte politische Klasse zu bekämpfen. Doch kaum gehörte sie der Regierung an, schoss sie sich auf das Thema einer Abspaltung des Nordens ein, weil sich das stimmenmäßig auszuzahlen schien, auch wenn dies ein Thema ist, das die Lega in vielerlei Hinsicht zwingt, wo nicht offen, so doch in den Köpfen mit der verfassungsmäßigen Legalität zu brechen. So erstaunt es auch nicht, dass ihr Leader Umberto Bossi eine Reihe von Problemen mit der Justiz hat. Der Art und Weise, wie Bossi Politik macht, fehlt die Achtung vor den Regeln und Prinzipien der Demokratie. So finden wir uns zu Beginn des neuen Jahrtausends mit einer Regierung an der Spitze unserer Republik wieder, deren wichtigstes politisches Anliegen darin besteht zu verhindern, dass das Gesetz seinen Gang geht, weil sie fürchten, von ihm zur Verantwortung gezogen zu werden. Dies führte und führt zu institutionellen Spannungen, die Italien in diesem Ausmaß bisher nicht gekannt hat, zwischen dem Ministerpräsidium einerseits, dem *Consiglio Superiore della Magistratura*[3] und dem Verfassungsgerichtshof, ja sogar dem Parlament andererseits, falls nämlich die Abgeordneten der Opposition sich weigern, den *pasticci* – den Basteleien – der Regierung zuzustimmen.

Zu Beginn der Neunzigerjahre wurde der Filz zwischen Politik und Wirtschaft durch die Antikorruptionsuntersuchungen „Mani pulite" entflochten und eine Ära der Legalität eingeläutet. Nun gibt es jedoch viele Leute, die einen politischen Missbrauch der Justiz beklagen – damals wie heute.

Dalla Chiesa: Ich habe nie geglaubt, dass die Ökonomie in einem vollständig legalen Umfeld wirtschaften wollte und will. Die Wirtschaft bezahlte der Politik in den Achtzigerjahren zu hohe Preise, unerträglich hohe Preise. Das hatte damit zu tun, dass damals nicht mehr die Vetternwirtschaft der Fünfzigerjahre herrschte, sondern die geldgierigere Methode der Sozialisten und teilweise der Christdemokraten. Die Sozialisten waren darin führend: Sie schufen eine Bestechungsindustrie, durch die sie die Partei und die lokalen Gruppen finanzierten und sich auch persönlich bereicherten. Durch die Vervielfältigung der Schmiergeldempfänger, durch die Tatsache, dass mit einer Aktion zugleich mehrere Mäuler gestopft werden mussten, wurden die Forderungen immer unverschämter und für die Unternehmer fast unerträglich hoch. Diese waren lange bereit, die Schmiergelder zu bezahlen, wenn auch nur, um mit ihren Unternehmen weiterhin zu leben, um Geschäfte zu machen und Aufträge zu erhalten. Doch irgendwann schafften sie es nicht mehr, und das war der Grund, der das Fass zum Überlaufen brachte. Nach der Reinigung durch die „sauberen Hände" wird die Korruption heute wieder salonfähig, und ich glaube, dass sie mittlerweile wieder so verbreitet ist wie damals und dass sie wieder dieselbe wissenschaftliche Systematik anzunehmen beginnt. Natürlich fehlen uns noch die Daten, um genaue Vergleiche machen zu können. Ich kann mich in meinem Annahmen nur auf das stützen, was man so auf der Straße hört und was man von denen hört, die nun im Gefängnis sitzen und geständig sind. Was ich jedoch mit Sicherheit weiß: Die heutige Stimmung hat sich gegenüber 1993/94, als die Antikorruptionsuntersuchungen ihren Höhepunkt erreicht hatten, stark geändert.

Wie genau hat sie sich geändert?

Dalla Chiesa: Berlusconis Kampagne gegen die Justiz blieb nicht ohne Wirkung. Aber man muss auch sehen, dass ungeachtet der verleumderischen Kampagne gegen die Justiz die Bevölkerung den Richtern nach wie vor mehr Vertrauen entgegenbringt als den Politikern. Wenn die Politiker das in sie gesetzte Vertrauen benutzen, um die Richtern anzugreifen, verkennen sie ihre Lage und schneiden sich ins eigene Fleisch. Sie sind die letzten, die gemäß der Mehrheit der italienischen Bevölkerung das Recht haben, so etwas zu tun. Umgekehrt muss ich zu meinem Leidwesen auch feststellen, dass es viele Italiener gibt, die für die Legalität nicht viel übrig haben.

Wie erklären Sie sich dieses Desinteresse?

Dalla Chiesa: Wir müssen uns fragen, wie viel, oder eben: wie wenig die Parteien der Ersten Republik dazu beigetragen haben, einen Bürgersinn heranzubilden. Im Rückblick auf die jüngere italienische Geschichte besteht das wahre Verdienst zweifellos darin, dieses Volk fast in seiner Gesamtheit auf die Demokratie zu verpflichten und zu schauen, dass es sich in den demokratischen Institutionen wiederzuerkennen vermag. Andererseits muss man jedoch auch sagen, dass der Bürgersinn nicht so gebildet und gefördert wurde, wie man dies hätte tun sollen. Die Beziehung zu den Institutionen ist in erster Linie stets eine Beziehung zu den Parteien gewesen: Ich bin in dieser Partei, die Partei ist in den Institutionen, also erkenne ich mich in den Institutionen wieder. Doch ein unmittelbares, das heißt nur durch den Bürgersinn vermitteltes Verhältnis zwischen den Bürgern und den Institutionen war schwach ausgeprägt, und dafür bezahlen wir noch heute.

Ich weiß, dass Sie laufende Prozesse nicht gerne kommentieren. Dennoch: Die Verurteilung von Cesare Previti zu elf Jahren Haft scheint die italienische Gesellschaft aufgerüttelt zu haben, die Gerichtsurteile sonst kaum berühren.[4] *Wie erklären Sie sich diese Wandlung?*

Dalla Chiesa: Die Verurteilung hat nicht in erster Linie die italienische Gesellschaft, sondern Berlusconi und Previti aufgerüttelt, als Folge davon eine Partei, eine Regierung, ein Mediensystem und dann auch eine Gesellschaft. Die Gesellschaft würde sich sonst nicht darum scheren. Warum? Previti ist angeklagt, in einer zweifellos sehr wichtigen Angelegenheit – zuerst in der Angelegenheit Mondadori, dann in der Angelegenheit Imi Sir und Sme[5] – Richter bestochen zu haben, sich einen Urteilsspruch gekauft zu haben. Dies zeigt, dass es Richter und Richter gibt, und ebenso gibt es Bürger und Bürger: solche, die korrumpierbare Richter vorziehen, und solche, die ermittelnde Richter lieber mögen. Es ist erstaunlich, um nicht zu sagen: beängstigend, dass ein Urteil die Stabilität der Institutionen aufs Spiel setzen kann, und zwar deswegen, weil dieser Herr Previti nun imstande ist, Berlusconi wegen seiner Vergangenheit zu erpressen. Das ist der wahrscheinliche Grund, weshalb dieses Urteil die Demokratie unter einer endlosen Erpressung zu begraben droht.

Welche Auswirkungen hat die getrennte Behandlung von Berlusconis Prozess?[6]

Dalla Chiesa: Ich glaube, dass die Ausgliederung eine

intelligente Entscheidung gewesen ist, die zugleich die Rollen respektiert. Berlusconi übt gleichzeitig das Amt des Ministerpräsidenten aus und muss die Präsidentschaft der Europäischen Union turnusgemäß für ein halbes Jahr wahrnehmen. Er wird also keine Zeit haben, sich vor Gericht zu verantworten, oder zumindest wird er problemlos sagen können, er habe keine Zeit. Seit Jahren besteht seine Strategie wie auch die von Previti darin, sich vor dem Prozess zu verteidigen, statt sich im Prozess zu verteidigen. Ab und zu ist Berlusconi als Zuschauer seines Klubs, des AC Milan, zu sehen, auch an Arbeitstagen, so dass es mit den politischen Verpflichtungen nicht so weit her sein kann. Tatsache ist, dass die Richter ihm aufs Wort glauben müssen, wenn sie sich nicht auf Konflikte einlassen möchten. So gesehen, konnte das Gericht nur eine einzige Position einnehmen: „Es gilt den Prozess zu Ende zu führen, weil das unsere Pflicht als ernsthafte Richter ist; seine Position wird ausgegliedert, so dass er seine Funktionen wahrnehmen kann, ohne den Prozess zu blockieren." In Wahrheit war Berlusconis Strategie genau die, den Prozess auch gegen Previti zu blockieren, und die Richter haben diese Strategie unterlaufen.

In diesen Monaten haben Sie eine neue Form des politischen Handelns ins Leben gerufen. Sie haben gemeinsam mit anderen italienischen Parlamentariern ein Theaterstück geschrieben, in dem Sie die Regierungsvertreter imitieren.[7] Es geht dabei um wichtige Themen wie die Justiz, die Demokratie, die Information. Reagieren die Leute? Und wie reagieren sie?

Dalla Chiesa: Ich glaube, dass der empfindlichste Teil der Leute Lust hat, an dieser ein wenig albtraumhaften Darbietung teilzunehmen, die in Italien zur Zeit aufgeführt wird – nicht nur auf der Bühne, sondern als *reality show*. Sie wollen aktiv daran teilnehmen, um diesen Albtraum zu beenden. Natürlich können die Leute in den Prozessen nicht urteilen, aber sie wollen ihre Meinung über das kundtun, was gegenwärtig geschieht. Auch wenn eine Kommunikationsform wie die Theateraufführung, in der die genauen Texte der Minister von Berlusconis Regierung rezitiert werden, die Probleme der Justiz nicht „heilen" kann, hat sie dennoch ein gewisses Gewicht und kann etwas verändern. Wir müssen die Texte zwar von Monat zu Monat ändern, je nachdem, was gerade gesagt wird. Doch unabhängig davon, ob die Justiz gerade ein wichtigeres oder weniger wichtiges Thema ist, die Leute kommen und hören aufmerksam zu. Sie wollen sich erinnern, sind auf der Suche nach Gesprächsthemen, über die sie sich mit anderen austauschen können. Das interessiert sie. Und wenn sie sich dann auch noch gut unterhalten, dann ist ihr Interesse nur umso größer.

Handelt es sich dabei, technisch gesehen, eher um Brecht'sches Theater oder eine Art commedia dell'arte, eine Satire?

Dalla Chiesa: Ein bisschen beides. Die Idee, das zu rezitieren, was im Parlament gesagt wird, ist zweifellos von Brecht inspiriert. Es ist Bürgertheater. Aber es gibt auch eine satirische Seite, weil diese Personen in Wirklichkeit operettenhaft agieren. Ich nenne ein Beispiel. „Die Lage ist schlimm, aber nicht ernst" – bisher war es in Italien nicht möglich, einen solchen Unsinn zu sagen, doch jüngst wurde im Parlament dieser Satz geprägt. Er ist höchst besorgniserregend, doch kann man nicht umhin zu lachen, wenn man ihn hört.

Bleibt Ihre Initiative eine inneritalienische Ange-

legenheit oder können darüber auch ausländische Politiker lachen?

Dalla Chiesa: Wir wagen den Versuch. Wir werden den Beginn der EU-Präsidentschaft von Berlusconi feiern und das Stück am 7. Juli in Brüssel aufführen. So kann da die politische und diplomatische Gemeinschaft erfahren, wer der Herr ist, der Europa während sechs Monaten leiten wird, und was seine Minister sagen. Dies ist ein Versuch, Italiens Bild im Ausland Schaden zuzufügen, werden uns gewisse Leute vorwerfen. Ich sehe das anders. Es ist der Versuch zu zeigen, dass dieser Berlusconi nicht den Rückhalt aller Italiener hat. Das wäre wirklich schädlich: Wenn das Ausland glaubt, alle Italiener stünden hinter diesem Italien. So gesehen, halte ich es für schädlich, wenn wir das Stück im Ausland nicht zur Aufführung brächten.

Wie lautet Ihre Einschätzung als Soziologe für die Zukunft Italiens?

Dalla Chiesa: Wir werden schwierige Zeiten durchleben, so schwierig wie die, mit denen wir es gegenwärtig zu tun haben. Wir haben einen Grad von institutioneller Auseinandersetzung erreicht, wie wir ihn bisher nicht gekannt haben. Nicht einmal die Terroristen vermochten seinerzeit einen solches Maß an Destabilisierung herbeizuführen. Ich beharre auf diesem Vergleich. Gewiss, es gab damals viele Dramen und Hunderte von Toten, doch das ist es nicht, was die Terroristen wollten. Sie zielten auf eine Destabilisierung der Institutionen, was ihnen zum Glück nicht gelang. Zurück zur Regierung unter Berlusconi: Im Parlament werden gegenwärtig parlamentarische Untersuchungskommissionen über dies oder jenes gebildet, im Glauben, die Linke oder die Opposition oder irgendeine institutionelle Autorität habe Skelette im

Schrank versteckt. Dabei werden alle Medien eingesetzt, um die Skelette ans Licht zu zerren, auch wenn es sie gar nicht gibt. Wir werden nie eine Situation haben, die sich mit Übereinkünften einigermaßen konsolidieren lässt, weil sich Berlusconi mit nichts zufrieden gibt. Er will immer siegen, er ist unersättlich, im Hinblick sowohl auf die Macht als auch auf das Geld. Die große Frage ist, wie dieses Gefecht enden wird, welche Ressourcen dafür eingesetzt werden und welche Fähigkeiten die Opposition haben wird, um gegen den Willen ihrer Gegner eine Änderung herbeizuführen.

Das Gespräch führte Massimo Pillera.

Anmerkungen

[1] Am 12. Dezember 1969 explodierte auf der Piazza Fontana in Mailand vor der *Banca dell'Agricoltura* eine Bombe, die sechzehn Menschen das Leben kostete. Die Ermittlungsbehörden suchten damals die Täter unter den alten und neuen linken Gruppen (der Herbst 1969 ging aufgrund mehrerer Attentate als „heißer Herbst“ in die Geschichte ein). Spätere Untersuchungen ergaben jedoch, dass das Bombenattentat das Werk faschistischer Gruppen war, die enge Verbindungen zum italienischen Geheimdienst und zu Teilen des Heeres unterhielten.

[2] Die Propaganda 2 – kurz die P2 – war eine freimaurerische Geheimloge. Ihr gehörten führende Leute aus Wirtschaft (mitunter auch Silvio Berlusconi) und Politik an. Zudem bestanden Beziehungen zwischen der Geheimloge und der Mafia, über deren genaue Verästelungen bis heute Unklarheit herrscht. Der Boss der P2 war Licio Gelli, seine Machenschaften flogen Ende der Siebzigerjahre auf. Wie sich aus Papieren, die in Gellis Villa in Arezzo gefunden wurden, und aus späteren Ermittlungen ergab, zieht sich die Spur der P2 seit Mitte der Sechzigerjahre durch viele Skandale, Putschversuche und Attentate.

[3] Selbstverwaltungsorgan der Juristen im Staatsdienst; die

Mehrheit seiner Mitglieder wird durch Wahlen unter den Juristen selbst bestimmt.

[4] Vgl. für eine genaue Beschreibung der Prozesse die Fußnote im Interview mit Marco Travaglio (Kapitel „Mafia").

[5] In beiden Fällen – sowohl beim Kauf des Verlagshauses Mondadori als auch bei der Übernahme des vormals staatlichen Lebensmittelkonzerns Sme – waren bzw. sind Silvio Berlusconi und sein Freund und Anwalt Cesare Previti wegen Richterbestechung angeklagt. Das Verfahren gegen Berlusconi im Falle Mondadori endete mit Verjährung, Previti hingegen wurde in erster Instanz zu elf Jahren Haft verurteilt. Die Urteile im Falle Sme sind noch hängig.

[6] Das Verfahren gegen Berlusconi wurde aus dem Hauptprozess ausgegliedert, weil der italienische Ministerpräsident aufgrund institutioneller Verpflichtungen den gesamten Prozess zu blockieren drohte. Die Ausgliederung vom Prozess Berlusconi aus dem Gesamtprozess ist mit dem Immunitätsgesetz „Lodo Schifani", das von der Regierung verabschiedet wurde, hinfällig geworden. Dieses Gesetz wurde verabschiedet, kurz nachdem dieses Gespräch geführt worden war. Vgl. zu diesem Punkt das Interview mit Oberstaatsanwalt Gerardo D'Ambrosio (Kapitel „Justiz").

[7] Vgl. das folgende Kapitel („Eine Satire von Nando Dalla Chiesa"), in dem eine Version eines ähnlichen Theaterstücks abgedruckt ist.

AUS DER SATIRE VON NANDO DALLA CHIESA

Biographische Daten: siehe das Gespräch in diesem Kapitel.

„Berlusconis Programm für die Justiz"

Die Satire verbündet sich mit der Politik. Nando Dalla Chiesa rezitiert mit der Stimme des Regierungschefs Silvio Berlusconi das neue und frei erfundene Programm für die Justiz.[1]

Liebe Untergebene,

es ist Euer Präsident, der zu Euch spricht. Mit dem Stolz des Unternehmers und Juristen verkünde ich das Justiz-Programm der Regierung, welch letztere die Ehre hat, von mir höchstselbst befehligt zu werden. Es ist ein Programm, das einen Schritt – aber was sage ich: das zehn Schritte – vorwärts machen wird auf dem Weg des bürgerlichen Fortschritts und das Italien endlich über beziehungsweise aus Europa heben wird.

Für einmal spreche ich nicht aus dem Stehgreif. Ich weiß sehr wohl, dass das Publikum von Kommunisten, Postkommunisten, Neokommunisten, Altkommunisten, Kathokommunisten, Kryptokommunisten und Philokommunisten wimmelt. Und ich weiß, dass in der kommunistischen Presse jedes Wort gegen mich verwendet werden könnte. Wir haben Jahre der gerichtlichen Verfolgungen, der Verdächtigungen, des Jakobinismus hinter uns. Ich selber wurde in diesen Jahren der Verleumdung und der Rechtsverletzung vom Verdacht heimgesucht. Mein Freund Cesare[2] wurde ungerechterweise angeklagt, bloß weil er aus Kalabrien stammt und einem Onkel von Franco Califano[3] ähnlich sieht. Mein Freund Marcello[4] wurde verfolgt, bloß weil er Sizilianer ist, und zwar aufgrund einer rechtswidrigen Abhöraktion, die von den politisierten Richtern angeordnet wurde. Sie haben ihn abgehört, während er mit einem Stallmeister von Pferden sprach, die er in ein Hotel schicken wollte.[5] Die neuen Inquisitoren haben sogleich Verdacht geschöpft, dass es sich dabei nicht um Pferde handelte. Aber was sonst sollte denn ein Stallmeister gemeint haben? Und überhaupt: Scheint es Euch so seltsam, dass ein Pferd ein Hotel betritt? Denn wenn vor zweitausend Jahren ein römischer Imperator einem Pferd erlaubte, den Senat zu betreten, weshalb sollte man dann heute – mit all den zivilisatorischen Fortschritten, die es gab, und mit all den Tierliebhabern im Umlauf – ein Pferd nicht das Hotel betreten lassen können? Und weshalb sollte man ihm nicht das Zimmer bezahlen, anstatt es auf die Rechnung des Steuerzahlers zu setzen, wie dies die Parasiten der RAI, der Gewerkschaften und der Arbeitslosenkasse zu tun pflegen?

Wir wurden von keiner bürgerlichen Schmach verschont. Aber jetzt werden wir unsere Justizreform machen, die wir bereits in den vergangenen Monaten wirksam auf den Weg gebracht haben. Wir sind nicht Teil des Polit-Theaters, wir sind Personen, die konkret und mit pragmatischem Sinn handeln. Und deshalb gehen wir auch von einer unbestreitbaren Wirklichkeit aus. Die Prozesse gegen die Reichen lassen sich nur schwer durchführen. Die Reichen verteidigen sich zu Recht sehr gut, sie verfügen über eine Menge Anwälte, sie ziehen die Prozesse in die Länge, sie haben die Presse auf ihrer Seite, und so tendieren die Chancen, dass sie verurteilt werden, letztlich gegen Null. Es sind dies Prozesse, die viel kosten. Die Untersuchungen der Bankkonten sind lang und komplex, und oft werden die mutmaßlichen (ich betone:

die mutmaßlichen) Straftaten in Verbindung mit dem Ausland begangen. Und also muss man diese Staatsanwälte bezahlen, die Photokopien anfertigen, die wie die Reichen irgendwelche Reisen in die als Steuerparadiese bekannten Ländern machen, womöglich mit Liebhaberinnen, die als Begleitschutz verkleidet sind. Ich fürchte mich nicht davor zu sagen, dass dieser Justiztourismus einen wahrhaftigen Skandal darstellt, oder besser: dass er den wahren Skandal unserer Justiz darstellt. Und das ist noch nicht alles. Unsere Botschaften weisen uns nämlich darauf hin, dass die Auslandsreisen mit dem Ziel, unsere Unternehmer oder unsere Politiker unter Anklage zu stellen, dem Bild von Italien nachhaltig schaden, mehr noch als die Mafia, die mittlerweile nur noch ein Gespenst ist, und zu einem Sinken unserer Exporte führen. Und dann dürfen wir auch nicht vergessen: Den Reichen, die angeklagt sind, fehlt die Zeit und die Ruhe, um sich um die eigenen Geschäfte zu kümmern. Und folglich investieren sie weniger und beschäftigen weniger Leute. Und wenn sie hinter Gittern enden – weil sie ja zu Recht an einen hohen Lebensstil gewöhnt sind –, nimmt in den Gefängnissen die Nachfrage nach Konsumgütern zu, was zu einem Anstieg der Preise in den dortigen Bars führt, was wiederum schwere Nachteile für die ärmeren Insassen mit sich bringt. Kurz, wenn Italien eine Firma ist, wenn die Justiz eine Firma ist, dann habe ich als Unternehmer-Präsident die Pflicht, das Verhältnis zwischen Kosten und Nutzen abzuwägen. Meine Abwägung ist rein technischer Natur. Und ich sage, dass sich das Ganze nicht lohnt. Aus dieser Einsicht rührt unser revolutionärer, liberaler und anti-staatlicher Vorschlag. Wir machen uns dafür stark, dass diejenigen Bürger, die mehr als 200 Millionen pro Jahr verdienen, in Zukunft dem Strafgesetz nicht mehr unterworfen sind. Das wird nicht nur dem Bild von Italien und unserer Exportwirtschaft helfen. Es wird auch nicht nur die

Investitionen und die Beschäftigung ankurbeln. Es wird vor allem erlauben, unsere Kräfte gewinnbringender für einen Kampf gegen die Verbrechen einzusetzen, die unsere Leute wirklich beschäftigen, die Verbrechen also, die auf den Straßen oder in unseren Wohnungen geschehen.

Ich weiß gut, was die der Opposition sagen werden. Ich kenne ihre niveaulosen Slogans. Ich weiß, was die internationale Presse sagen wird, allen voran der *Ecomunist.* Sie werden bestimmt behaupten, dass wir Null-Toleranz für die Ärmsten und Total-Toleranz für die Reichsten wollen. Doch ich, meine lieben Untergebenen, denke als der Philosophen-Präsident nach, der ich eben bin, wobei ich der Theorie der gesellschaftlichen Harmonie folge, wie sie von großen demokratischen Denkern wie Benvenuto Cellini bis hin zu W. A. Mozart vertreten wurde. Jawohl, dies sind zwei große politische Denker! Und Sie, Herr Travaglio[6], mögen mir diesmal nicht widersprechen, seien Sie so gut und verzichten darauf, mir die Enzyklopädie zu zeigen, die im übrigen nicht einmal von Mondadori[7] ist – dies sind wirklich zwei Denker. Während Sie nämlich einen aristokratischen Kulturbegriff haben, habe ich eine demokratische Vorstellung: Ich habe die Wahlen gewonnen, die Bürger haben bereits entschieden, wer Recht hat. Macht nur so weiter, und ihr werdet weitere zwanzig Jahre in der Opposition bleiben. Ich sprach von der Harmonie. Versucht mal, darüber nachzudenken. Wenn einer Null Einkommen hat, wird er auch Null Essen haben, Null Haus und Null Ferien. Oder etwa nicht? Und warum also soll er nicht auch Null Toleranz haben? Wollen wir ihm vielleicht Total-Toleranz gewähren und aus ihm eine verfehlte Existenz machen? Und wollt Ihr etwa umgekehrt Null-Toleranz walten lassen gegenüber jemandem, der sonst alles hat, so dass er frustriert ist und sich nicht mehr auf seine Geschäfte konzentrieren kann, keine Investitionen mehr tätigt und der Beschäftigung Schaden zufügt? Sie werden auch sagen, dass ich diese Gesetze mache, um mich vor der Justiz zu schützen. Eine Lüge. Überlegt mal: Sie haben gesagt, ich hätte das Gesetz über die Rechtshilfeersuchen gemacht, um mich selbst zu schützen. Das sagen sie mir, der ich doch meinen Bruder ausgeliefert habe! Ich habe ihm ... Natalia Estrada gegeben, und jetzt ist er viel glücklicher als zuvor!

Wir werden diese Revolution machen. Ich habe ihn gefragt, den Senator von Corleone, Schifani, dessen große Unabhängigkeit im Urteil Ihr alle kennt, was er von diesem Vorschlag hält. Und er hat mir geantwortet: „Silvio, dein Vorschlag ist wunderbar." Ich habe auch den Justizminister gefragt, was er davon hält, und er hat mir mit der Glaubwürdigkeit seiner Person geantwortet: „Nun ja, das ist eine schööööne Reform, sonst hätten wir verletzt werden können." Deshalb werden wir unbeirrt weitergehen, wir werden uns von niemandem auf der Welt einschüchtern lassen. Sie hatten uns angeklagt, unfähig zu sein, doch nun zeigen wir, dass wir zu allem fähig sind.

Gewiss, ein Problem bleibt bestehen, und zwar das Problem des Arbeitsplatzes, den die Anwälte der Reichen zu verlieren drohen. Aber wir Unternehmensmenschen haben auch daran gedacht. Wir werden die Anwälte der Reichen ins Parlament bringen. Und da werden sie gute Gesetze für die Reichen machen, und so werden die Investitionen und die Beschäftigung wachsen und wir werden die Steuern auf 10 Prozent drücken können. Und wir werden wieder die Wiege des Rechts sein, ein Beispiel, das von der ganzen Welt bewundert wird. Das ist der Eckpfeiler unserer Reform. Aber wir werden auch die Justiz reformieren. Wir haben den *Consiglio superiore della magistra-*

tura[8] bereits reduziert, der zu einem Ort des Klientelismus und des Vergnügens geworden war. Wir werden nun die Zahl der Richter halbieren, so werden sie mehr arbeiten und ihr Prestige erhöhen. Wie mir meine Tante einmal gesagt hat: *chi fa da sé, fa per tre*, wer für sich selbst arbeitet, arbeitet für drei, also werden wir ihnen auch die Gerichtsschreiber und Sekretärinnen entziehen. Im Übrigen wollen die Leute nichts mehr von Richtern wissen. Die Roben, die roten Roben *(toghe rosse)* bedeuten Unterdrückung. Wir hingegen glauben nicht an die Repression. Wir, das haben wir in Genua[9] gezeigt, glauben vielmehr an die Prävention. Deshalb werden wir den Bürgern mehr Polizei und Schulen geben, natürlich private Schulen (*scuole private*), mit mehr Lehrern, die ihrer Rechte beraubt sind (*privati dei loro diritti*). Und weniger Richter, viel weniger Richter mit viel weniger Begleitschutz. Da wir ja keine Kommunisten sind, werden wir keine ethnische Säuberung *(pulizia)* durchführen. Es wird eine rein technische Säuberung sein. Zuerst beurteilen wir die Schicklichkeit der Nachnamen. Doch glaubt, meine lieben Untergebenen, dass ein Richter Brambilla heißen darf? Mit diesem Nachnamen kann er höchstens zum Mann der Pivetti werden, aber doch nicht dem Regierungschef den Prozess machen.

Und noch anderes, viel anderes werden wir tun, meine teuren Untergebenen, ohne je innezuhalten, immer unterwegs, indem wir etwa unsere Parlamentarier, die aus reinem Idealismus jeden Tag im Parlament sitzen, mit Golduhren beschenken. Wir werden so unserer Pflicht treu bleiben – die wir für die Italiener und die Geschichte auf uns genommen haben –, nämlich die Kommunisten, die Postkommunisten, die Neokommunisten, die Altkommunisten, die Kathokommunisten, die Kryptokommunisten und die Philokommunisten zu besiegen. Das ist anstrengend, ich weiß. Ich verzichte deshalb für Euch auf viel Lebensfreude. Und ab und zu, durch die Kritiken der Opposition weichgeklopft – ich gestehe Euch dies zum ersten Mal –, frage ich mich, ob der Kommunismus in Italien wirklich existiert. Ein Liberaler wie ich hat die Pflicht zu zweifeln. Aber dann gebe ich der Überzeugungskraft des wissenschaftlichen Denkens nach. Denn wenn ich immer Recht habe und gesagt habe, dass der Kommunismus existiert, dann bedeutet dies, dass es ihn wirklich gibt. Wir werden ihm bis zum bitteren Ende bekämpfen.

Anmerkungen

[1] Diese Version des Theaterstücks von Nando Dalla Chiesa ist bereits erschienen in NANDO DALLA CHIESA: „La legge sono io. Cronaca di vita repubblicana nell'Italia di Berlusconi". Filema: Roma 2002, S. 55 ff. Der Text steckt voller Anspielungen. Da es eine aussichtlose Aufgabe wäre, dem Leser sämtliche Anspielungen zu erklären, haben wir uns auf ein Minimum beschränkt. Der Text soll und muss für sich sprechen.

[2] Die Rede ist von Cesare Previti (siehe Anhang).

[3] Franco Califano ist ein italienischer Schnulzensänger.

[4] Die Rede ist von Marcello dell'Utri (siehe Anhang).

[5] „Cavallo" (Pferd) ist ein gängiges Codewort für Heroin.

[6] Die Rede ist von Marco Travaglio, Autor zahlreicher Berlusconi-kritischer Bücher. Vgl. die Interviews in diesem Band.

[7] Mondadori ist einer der größten italienischen Verlage, den Silvio Berlusconi Ende der Achtzigerjahre erwarb.

[8] Es handelt sich dabei um ein Selbstkontrollorgan der Justiz.

[9] Die Rede ist vom G-8-Gipfel im Sommer 2001, der in Genua stattfand, wobei es zu heftigen Auseinandersetzungen zwischen Demonstranten und Polizei kam.

NACHWORT
BROT UND SPIELE

Von Massimo Pillera

Am Anfang dieses Buches standen die Werte, auf die sich zwei Journalisten unterschiedlicher Herkunft – einer Italiener, der andere Schweizer – berufen: die Freundschaft, der Zufall, die Neugierde und die gemeinsame Leidenschaft für die Philosophie. Wenn *zwei* Journalisten unterschiedlicher Kultur und Sprache sich *eines* Themas, *eines* Landes annehmen, dann mag man sich fragen, was sie über die persönlichen Gründe hinaus dazu bewogen hat. Ist es das geteilte Bedauern darüber, was in Italien geschieht? Ist es die Professionalität zweier Chronisten, die darüber sprechen müssen, worüber man nicht schweigen kann? Es ist wohl ein bisschen beides, doch vor allem ist es die Neugierde, die uns geleitet hat, dieses Buch zu machen. Jene Neugierde, die unsere Leser mit uns teilen und auf die wir Antworten zu geben versuchen. Jene Neugierde, die keine Grenzen, und schon gar keine opportunistischen Grenzen, kennt.

Von welchem Italien also sprechen wir? Von einem Italien unter Druck, das sich vor ebenso gespenstischen wie inexistenten Kommunisten ängstigen soll. Jakobinische Richter im Dienste der Politik sollen das Land zugrunde richten; aufwieglerische Journalisten, die angeblich nach Kommunismus riechen, auch wenn sie offensichtlich konservativ sind, sollen es schlecht machen. Dies jedenfalls ist das Italien im Zeitalter der technischen Reproduzierbarkeit des *Cavaliere*, der es mithilfe von aufgezeichneten Videokonferenzen so in alle Welt überträgt.

Silvio Berlusconi liebt es in der Tat, Kassetten aufzunehmen, die er dann bei günstiger Gelegenheit übertragen kann. Von der Festung in Arcore schickt der

Präsident der Präsidenten (Präsident der Republik, des AC Milan, von Mediaset usw.) Botschaften an sein Volk. Und wenn dies nicht reicht, kann er dies auch von den Gerichtssälen aus tun oder sich von einem hörigen Journalisten des eigenen Fernsehens in eine Sendung einladen lassen, um fast eine Stunde zu sprechen, die nur durch einige gefällige Fragen unterbrochen wird, gleichsam um ihm Verschnaufpausen zu verschaffen, eine Stunde über sich und seine Mission, über die italienischen Übel und die Verschwörung gegen ihn. Das Klischee ist stets dasselbe.

Es gibt zwei Arten von Italienern. Diejenigen, die sich seit Jahren von irgendwelchen Quizsendungen und Fußballprogrammen einlullen lassen und das Gedächtnis verloren haben. Und es gibt diejenigen, die das Gedächtnis noch immer haben, insbesondere die Richter. Sie werden von einem Heer gut ausgerüsteter Meinungsmacher an den Pranger gestellt und als *toghe rosse*, als rote Roben hingestellt. In der Zwischenzeit wechseln sich im Fernsehen die Ratespiele und Lotterien mit den Verstiegenheiten des *Cavaliere* ab. Er schäkert mit TV-Köchen, indem er ihnen die Kochmütze wegnimmt; er gebärdet sich sympathisch als Stimmungsmacher, macht Späße und erzählt Witze während Gipfeltreffen, an denen sich das Schicksal der Internationalen Gemeinschaften entscheidet.

Der *Cavaliere* scherzt eben gerne. Er ist eine Spielernatur, während Italien darniederliegt und seinen demokratischen Geist immer mehr einbüßt. Die Italiener bleiben bei ihren Ratespielen, kümmern sich nur um die Fußballmeisterschaft, um ihrem Leben einen Sinn zu geben. Doch gibt es auch andere, die bei diesem Spiel nicht mitmachen und sich auf die verschiedenen Formen des friedlichen Widerstands besinnen, weil sie nicht bereit sind, diesen Angriff auf die Demokratie und ihre grundlegenden Werte – Gewaltenteilung, unabhängige Justiz, freie Presse – hinzunehmen.

In den vorausgegangenen Interviews wird der Leser erkannt haben, dass die Gesellschaft geteilt ist, dass sich nicht alle mit dem *status quo* abgefunden haben, dass nicht alle ihr Hirn ausgeschaltet haben, dass einige aufzuwachen beginnen. Es reicht, durch die Straßen und *piazze* zu gehen, um zu sehen, dass etwas nicht stimmt. Die Leute beklagen sich. Die starke internationale Krise; der Beitritt zur Währungsunion; die Massen von Flüchtlingen, welche die Küsten bestürmen; die Unsicherheit in den Großstädten – all dies nährt eine allgemeine Stimmung der Unzufriedenheit.

Zahlreich sind auch die negativen Meldungen aus dem Medienbereich. Es genügt, zur Kenntnis zu nehmen, was mit dem „Corriere della Sera" geschehen ist,[1] der prestigeträchtigsten Zeitung Italiens, um zu erkennen, dass es eine italienische Anomalie gibt. Ein Chefredaktor wird durch einen anderen ersetzt, welcher der Regierung wohlgesonnener ist. Man braucht nicht zu kommentieren oder zu erzählen, was beim Staatsfernsehen geschieht. Es reicht, den Fernseher einzuschalten und sich die Sendungen für eine bloße Stunde anzusehen. Alle, auch die Nicht-Sehenden, sehen sogleich – und verstehen: Brot und Spiele.

Wir haben es hier mit einem Unbehagen zu tun, das von vielen geteilt wird und das die interviewten Intellektuellen, Politiker und Journalisten in der Folge genauer zu erklären suchen. Sie haben die Aufgabe, die Krise eines demokratischen Systems lesbar zu machen: wie es beginnt, wie es sich entwickelt und wie es enden könnte. Doch sind wir noch nicht nicht am Ende angelangt, solange es vielfältige Formen des Widerstands gibt. Friedliche und zivile Formen des

[1] Vgl. das erste Interview mit Marco Travaglio in diesem Band.

Widerstands entfalten sich in den italienischen Großstädten, die *girotondi*, die sogenannten „Ringelreihen“ – Kundgebungen vor dem Parlament, Streiks von denen, die noch an eine freie und unabhängige Presse glauben. Solange es eine Opposition gibt, gibt es eine Demokratie, und so groß das Unbehagen angesichts der Regierung Berlusconi auch sein mag, so hoffnungsvoll sind diese Formen des zivilen Ungehorsams.

Was in Italien begonnen hat, wird auch in Italien enden. Ich bin überzeugt, dass sich Europa mit den notwendigen Antikörpern auszustatten vermag, um einer Ausbreitung der italienischen Krankheit vorzubeugen. Vieles deutet darauf hin, dass der Niedergang des italienischen Modells schon begonnen hat, nur schon deshalb, weil die Wirtschaft ohne ein System von klaren Regeln und Gesetzen, die man nicht nach Belieben ändert, nicht überleben kann. Ein Zusammenleben ohne das Hochhalten jener grundlegenden Werte der Demokratie, die der europäischen Kultur angehören, wird nicht mehr möglich sein. Auf dem alten Kontinent können postmoderne Regierungsformen lateinamerikanischen Zuschnitts nicht geduldet werden, wenn der Organismus, der sich gerade bildet, nicht sein Gleichgewicht verlieren soll. Die Metastasen der Korruption und der Vetternwirtschaft, die in den letzten Jahrzehnten die Entwicklung der italienischen Demokratie geprägt haben und die sie nun, nach einem Aufbegehren der Zivilgesellschaft und der Justiz, wieder prägen, werden in Europa nicht Fuß fassen können. Aus dieser Gewissheit schöpfe ich meinen Optimismus und die Willenskraft, die Geschichte dieses Italiens zu erzählen. So können wir unseren Kindern einmal in die Augen schauen, ohne schmerzliche Erinnerung, ohne Reue, ohne Scham – selbst wenn wir vielleicht zeitweise geschwiegen haben, weil wir zum Schweigen gezwungen worden sind.

VERFAHREN GEGEN SILVIO BERLUSCONI[1]

Fall, Bereich	Anklage	Aktueller Stand
Geheimloge P2	Meineid	Amnestie
All Iberian I, Offshore-Geschäfte	Illegale Parteinfinanzierung	verjährt
All Iberian II, Offshore-Geschäfte	Bilanzfälschung	verjährt
Fininvest, Medien	Bestechung von Finanzbeamten	Teils Freispruch, teils verjährt
Medusa, Film	Bilanzfälschung	Freispruch
Villa Macherio, Immobilien	Steuerhinterziehung, Bilanzfälschung	Teils Freispruch, teils Amnestie
Gruppe Fininvest, Offshore-Finanztransaktion	Bilanzfälschung	verjährt
Mondadori, Verlagshaus	Korruption von Richtern	verjährt
Sme, Lebensmittelkonzern	Korruption von Richtern	Prozess suspendiert
Lentini, Fußball	Bilanzfälschung	verjährt

[1] Die Verfahren, die Berlusconi als Unternehmer betreffen, wurden nach seinem Eintritt in die Politik 1994 eröffnet. Sie haben jedoch angebliche Straftaten zum Gegenstand, die er vor seinem Gang in die Politik begangen haben soll. Quellen: FRANKFURTER ALLGEMEINE ZEITUNG, Ausgabe vom 19. 12. 2002, S. 5. DER SPIEGEL, Nr. 27/30.6.03, mit einer Titelgeschichte über Silvio Berlusconi: „Der Pate. Jetzt auch in ganz Europa“. Eine Zusammenstellung der Prozesse findet sich auf S. 115.

Fall, Bereich	Anklage	Aktueller Stand
Fininvest, Filmrechte	Steuerhinterziehung Bilanzfälschung	Ermittlungen
Mediaset, Fernsehen	Bestechung	eingestellt
Fininvest/RAI, Werbefernsehen	Amtsmissbrauch	eingestellt
Telecinco, Fernsehen (Spanien)	Steuer- und Wettbewerbsdelikte	suspendiert

NAMENSVERZEICHNIS

Zusammengestellt von Andreas Fagetti[1]

Giulio Andreotti

Der Senator auf Lebenszeiten dominiert das Nachkriegsitalien wie kein anderer Politiker. Der 1919 geborene Christdemokrat wird bereits 1954 Innenminister, danach Finanzminister, Schatzminister, Verteidigungsminister und Industrieminister. Insgesamt wird Andreotti 21 mal zum Minister berufen. 1972 bekleidet der Christdemokrat erstmals das Amt des Ministerpräsidenten, einen Posten, den er bis 1992 insgesamt sieben Mal bekleiden wird. Zwischen 1983 bis 1989 ist der pragmatische Machtpolitiker nochmals Außenminister. Andreotti muss mehr als zwei Dutzendmal vor parlamentarischen Untersuchungsausschüssen aussagen. Der Mann, der den Ausspruch prägt: „Die Macht zerstört den, der sie nicht hat", übersteht alle Skandale unbeschadet. Nach dem Zusammenbruch des alten Parteiensystems bröckelt allerdings Andreottis Macht und macht ihn angreifbar. Im November 2002 befindet ihn ein Berufungsgericht in Perugia für schuldig, 1979 den Auftrag für die Ermordung des obskuren römischen Enthüllungsjournalisten Mino Pecorelli gegeben zu haben. Es verur-

[1] Andreas Fagetti ist Redakteur bei der Schweizer Tageszeitung „St. Galler Tagblatt". Verwendete Literatur/Quellen: „Der Fischer Weltalmanach 1990": Frankfurt am Main1990. REGINE IGEL: „Andreotti - Politik zwischen Geheimdienst und Mafia": München 1997. PINO ARLACCHI: „Mafia von innen": Frankfurt am Main 1993. „St.Galler Tagblatt", online Archiv (www.tagblatt.ch), 18. und 19. November 2002 (Andreotti-Urteil). ALEXANDER STILLE: „Die Richter": München 1997. ELIO VELTRI, MARCO TRAVAGLLIO: „L'odore dei soldi", Roma 2002. Archiv der römischen Tageszeitung „La Repubblica" (www.repubblica.it).

teilt den Politiker zu 24 Jahren Haft. Der Entscheid der letzten Instanz, des Kassationsgerichtes, steht zum Zeitpunkt der Publikation dieses Buches noch aus.

Silvio Berlusconi

Silvio Berlusconi wird am 29. September 1936 in Mailand als erstes von drei Kindern geboren. Der erstgeborene Sohn von Luigi Berlusconi, Angestellter der Bank Rasini, und der Hausfrau Rosa Bossi immatrikuliert sich nach dem Abitur an der Rechtsfakultät der staatlichen Universität von Mailand. In der Freizeit jobbt Berlusconi als Staubsauger-Verkäufer und als Fotograf von Hochzeiten und Beerdigungen. Er singt und spielt Bass in der Band seines Jugendfreundes Fedele Confalonieri. Nach dem Studium, das er mit der Höchstnote abschließt, steigt er Anfang der Sechzigerjahre in die Baubranche ein. Im Laufe der Sechziger und Siebzigerjahre baut Berlusconi sein Immobilien-Imperium auf: Es entstehen eine Modellstadt für viertausend Menschen in Brugherio und später die Trabantenstadt Milano 2. 1975 wird Fininvest ins Leben gerufen. Anfang der Achtzigerjahre steigt der erfolgreiche Unternehmer ins Mediengeschäft ein. Berlusconi erwirbt Fernsehgesellschaften, Zeitungen und Zeitschriften. 1986 kauft der Unternehmer den AC Milan und wird Präsident des Fußballclubs, mit dem er 1988 erstmals die italienische Meisterschaft gewinnt. 1989 beginnt der lange Kampf zwischen Berlusconi und dem Unternehmer Carlo De Benedetti um die Kontrolle von Mondadori, dem größten italienischen Verlaugshaus. Unter dem Dach dieses Unternehmens befinden sich Tageszeitungen („La Repubblica“ und 13 regionalen Zeitungen), Wochenzeitschriften („Panorama“, „Espresso“, „Epoca“) und ein Buchverlag. Dank eines Urteils des Richters Vittorio Metta, von dem ein Mailänder Gericht später behaupten wird, es sei mit

Schmiergeldern zustande gekommen, wird das Verlagshaus Mondadori Silvio Berlusconi zugeschlagen. Eine darauf folgende politische Vermittlung führt zur Rückgabe von „La Repubblica", „Espresso" und den Lokalzeitungen an De Benedetti. 1994 steigt Silvio Berlusconi in die Politik ein. Er gründet die Partei „Forza Italia". An der Spitze der Koalition *Polo delle libertà* gewinnt Berlusconi am 27. März die Wahlen und wird Ministerpräsident. Am 21. November wird er in die Untersuchung über Schmiergelder an die Finanzpolizei verwickelt. Am 22. Dezember erzwingt die „Lega Nord" mit einem Misstrauensantrag Berlusconis Rücktritt. 1996 stellt sich Berlusconi ein weiteres Mal der Wahl und verliert gegen das Mitte-Links-Bündnis „Ulivo". Romano Prodi wird Ministerpräsident. Am 15. Mai 2001 gewinnt Silvio Berlusconi an der Spitze der Koalition *Casa delle libertà* die Wahlen und wird zum zweiten Mal Ministerpräsident.

Paolo Borsellino

Staatsanwalt in Marsala. Er wird am 19. Juli 1992, knapp zwei Monate nach der Ermordung seines Freundes und Mitstreiters Giovanni Falcone, mit fünf seiner Leibwächter – darunter ein weiblicher Bodyguard – vor dem Haus seiner Mutter in der Via d'Amelio in Palermo durch eine Autobombe getötet.

Stefano Bontate

In den Siebziger- und Achtzigerjahren der bedeutendste Boss unter der 25 palermitanischen Mafiasippen. Der „Fürst von Villagrazia" ist der Sprössling einer Mafiadynastie. Sein Vater Paolino Bontate hat das Image eines politisch höchst einflussreichen Paten – eine Verwandte, Margherita Bontate, sitzt in jenen Jahren als Abgeordnete im italienischen Nationalparlament. Auch dem Sohn werden beste politische

Beziehungen nachgesagt. Im Kampf um die Vorherrschaft kommt es Ende der Siebzigerjahre zwischen den als besonders blutrünstig geltenden Corleonesi um Luciano Leggio, Salvatore (Toto) Riina und Bernardo Provenzano und den „traditionellen" Mafiosi der damals größten Cosa-Nostra-Familien um Stefano Bontate und Salvatore Inzerillo zum Krieg. Die „traditionelle" Mafia verliert diese blutige Auseinandersetzung. Am Abend seines 43. Geburtstages, auf dem Weg zu einem Fest zu seinen Ehren, durchsieben Stefano Bontate am 23. April 1981 in seinem roten Alfa Romeo an einer Ampel Kugeln aus einer Kalaschnikow.

Carlo Azeglio Ciampi

Der ehemalige antifaschistische Widerstandskämpfer und langjährige Staatsbanker zählt zu den wichtigsten Reformern der „zweiten" italienischen Republik. Der Staatspräsident setzt sich für die Reform und Aufrechterhaltung der Verfassungsordnung in Italien ein, was ihn zunehmend auf Distanz zur Regierung Berlusconi bringt. Ciampi wird 1920 in der Toskana geboren, studiert zunächst Philosophie und Literatur, dann Rechts- und Wirtschaftswissenschaften. Während des Zweiten Weltkrieges engagiert sich Ciampi in der Resistenza, der italienischen Widerstandsbewegung gegen das faschistische Regime von Benito Mussolini. Bereits 1946 beginnt er bei der „Banca d'Italia" zu arbeiten und bekleidet dort zahlreiche Ämter. In den Siebzigerjahren wird er stellvertretender Generaldirektor der Notenbank, 1979 Gouverneur der italienischen Zentralbank. Während der politischen Krise Anfang der Neunzigerjahre, als Christdemokraten und Sozialisten in der Bedeutungslosigkeit versinken, wird der parteilose Banker 1993 zum neuen Ministerpräsidenten nominiert. Bis zu seinem Rücktritt im Januar 1994 leitet er Reformen des politischen Systems ein, die im Frühjahr

1994 durch die ersten nach dem neuen Wahlrecht abgehaltenen Parlamentswahlen eine rechtskonservative Regierung unter Silvio Berlusconi an die Macht bringen. Im Frühjahr 1996 wird Ciampi Schatz- und Haushaltsminister in der Mitte-Links-Regierung von Romano Prodi. Im Mai 1999 erfolgt die Wahl Ciampis als Nachfolger von Oscar Scalfaro ins Amt des italiensichen Staatspräsidenten. In seine Amtszeit fällt die Verfassungsreform, die 2001 zu einer föderalistischen Lockerung der zentralistischen Staatsstruktur führt.

Bettino Craxi

Der 1934 geborene Sozialist ist italienischer Ministerpräsident von 1983 bis am 3.3.1987. Damit geht die längste nicht unterbrochene Amtszeit einer Regierung der italienischen Nachkriegsära zu Ende. Im Laufe des Jahres 1992 beginnen die Ermittlungen gegen den Vorsitzenden des „Partito Socialista Italiano“ (PSI) wegen seiner Verstrickungen in Parteispendenaffären und Schmiergeldzahlungen. Er wird zu 10 Jahren Haft verurteilt, der er sich durch Ausreise nach Tunesien entzieht. Dort stirbt er am 19. Januar 2000.

Marcello Dell'Utri

Der 1941 geborene Sizilianer ist ein Freund Vittorio Manganos, jenes Mafiosis, der Mitte der Siebzigerjahre auf Berlusconis Anwesen Arcore als Stallmeister angestellt war. Dell'Utri ist Senator für die Forza Italia und Abgeordneter des EU-Parlamentes. Die Staatsanwaltschaft von Palermo ermittelt gegen den Politiker unter anderem wegen Mitgliedschaft in einer mafiosen Vereinigung. In Mailand ist er wegen Bilanzfälschung angeklagt. Er gründete Anfang der Achtzigerjahre zusammen mit Silvio Berlusconi Italiens größte Werbeagentur „Publitalia“.

Giovanni Falcone

Falcone startet seine Karriere in Sizilien als Amtsrichter zunächst in Lentini, dann im westsizilianischen Trapani. Seit 1978 Ermittlungsrichter. In seinen Ermittlungen folgt er den illegalen Geldströmen der *Cosa Nostra* und zeitigt damit durchschlagende Erfolge. Als Mitglied des *pool antimafia* ist er federführend am Kampf gegen die Cosa Nostra beteiligt und trägt wesentlich zum Zustandekommen des Maxi-Prozesses Mitte der Achtzigerjahre bei. Als er sich um die Nachfolge Antonino Caponnettos als Leiter des Pools bewirbt, wird er nicht gewählt. 1991 nimmt er das Angebot von Justizminister Martelli an, Direktor der Abteilung Strafrecht im Justizministerium in Rom zu werden. Als Giovanni Falcone und seine Frau, die Richterin Francesca Morvillo, am 23. Mai 1992 – der Reisetermin war nur einem kleinen Kreis bekannt – von Rom nach Palermo reisen, werden sie zusammen mit drei Leibwächtern auf der Autobahn vor Palermo durch eine gigantische Sprengstoffexplosion ermordet.

Vittorio Mangano

Der 1940 in Palermo geborene Vittorio Mangano wird in den Achtzigerjahren wegen Mitgliedschaft in einer mafiosen Vereinigung und Mord verurteilt. Der mit Marcello Dell'Utri befreundete Palermitaner ist in Berlusconis Villa Arcore von 1974 bis 1975 als Stallmeister angestellt. Mangano stirbt im Juli 2000 an Krebs.

Indro Montanelli

Am 22. Juli 2001 stirbt in Mailand nach kurzer Krankheit im Alter von 92 Jahren Italiens journalistische Instanz: Indro Montanelli ist nicht nur ein brillanter Journalist und Schriftsteller, sondern auch eine in allen Lagern anerkannte, parteipolitisch unabhängige Persönlichkeit. Bis 1974 arbeitet er als Redaktor beim „Corriere della Sera". Dann gründet Montanelli die Zeitung „Il Giornale nuovo". Montanelli profiliert sich außerdem als Essayist, Erzähler, Theaterautor und Verfasser literarischer Porträts.

Benito Mussolini

Der faschistische Diktator (1883-1945) ist ursprünglich Sozialist und wandelt sich im Laufe des Ersten Weltkrieges zum Faschisten. 1919 gründet er die Bewegung der *Fasci di Combattimento,* die auf sein Betreiben 1921 in den *Partito Nazionale Fascista (PNF)* umgewandelt wird. Durch den Marsch auf Rom am 28. Oktober 1922 reißt er die Regierungsgewalt an sich, etabliert sich als Diktator und baut einen Führerkult um sich auf. Seither verehren ihn seine Anhänger als Duce. Kurz vor Kriegsende erschießen italienische Partisanen den Duce und seine Geliebte Clara Petacci am 28. April 1945 bei Dongo in der Provinz Como.

Cesare Previti

Anwalt und Abgeordneter der Forza Italia. Der 1934 geborene Politiker bekleidet 1994 in der ersten Regierung unter Berlusconi das Amt des Verteidigungsminister. Previti und Berlusconi lernen sich Anfang der Siebzigerjahre kennen. Bei Fininvest hat er in der Folge ein Mandat als Rechts- und Vermögensberater. In Mailand wird er unter anderem im Fall Mondadori der Richterbestechung angeklagt und in erster Instanz zu elf Jahren Gefängnis verurteilt. Previti muss sich auch im Fall Sme wegen Richterbestechung vor Gericht verantworten.

TEXTNACHWEIS

Justiz

ANTONIO DI PIETRO: Das Gespräch ist unter dem Titel „Krankheit Korruption“ im „St. Galler Tagblatt“ erschienen (Ausgabe vom 13. März 2003).

ANGELO BOLAFFI: Das erste Gespräch ist unter dem Titel „Über dem Gesetz“ im „St. Galler Tagblatt“ erschienen (Ausgabe vom 27. November 2002), das zweite unter dem Titel „Und die Demokratie?“ (Ausgabe vom 13. September 2002).

GIANNI VATTIMO: Das Gespräch ist unter dem Titel „Politik als Operette“ im „St. Galler Tagblatt“ erschienen (Ausgabe vom 9. März 2002).

GERARDO D’AMBROSIO: Das Gespräch ist unter dem Titel „Auf der Suche nach Verjährung“ im St. Galler Tagblatt erschienen (Ausgabe vom 28. Juni 2003).

Regime

GIANNI VATTIMO: Das Gespräch ist unter dem Titel „Die Justiz im Visier“ im „St. Galler Tagblatt“ erschienen (Ausgabe vom 17. Mai 2002).

ANTONELLO SCIACCHITANO: Das Gespräch wurde im Juni 2003 speziell für diesen Band geführt.

Zensur

PAOLO FLORES D’ARCAIS: Das Gespräch ist unter dem Titel „Spektakel des Scheins“ im „St. Galler Tagblatt“ erschienen (Ausgabe vom 31. Juli 2002).

MARCO TRAVAGLIO: Das Gespräch wurde im Juni 2003 speziell für diesen Band geführt.

Mafia

LEOLUCA ORLANDO: Das Gespräch ist unter dem Titel „Kampf gegen die Mafia“ im „St. Galler Tagblatt“ erschienen (Ausgabe vom 10. Februar 2003).

MARCO TRAVAGLIO: Das Gespräch wurde im Juni 2003 speziell für diesen Band geführt.

Spektakel

DARIO FO: Das Gespräch ist in leicht veränderter Form unter dem Titel „Theater ist immer politisch“ im „St. Galler Tagblatt“ erschienen (Ausgabe vom 9. April 2003).

NANDO DALLA CHIESA: Das Gespräch ist unter dem Titel „Berlusconi will immer siegen“ im „St. Galler Tagblatt“ erschienen (Ausgabe vom 18. Juni 2003); die Satire ist im Buch „La legge sono io“ (Filema: Roma 2002) abgedruckt und wurde für diesen Band übersetzt.

AUTOREN

René Scheu, 1974 geboren, ist Philosoph und arbeitet als Hintergrund-Redakteur bei der Schweizer Tageszeitung „St. Galler Tagblatt“.

Massimo Pillera, 1961 geboren, ist Philosoph und Journalist. Er schreibt für verschiedene Zeitungen und hat für das Schweizer Fernsehen italienischer Sprache (RTSI) gearbeitet.